AUXILIA

Unterrichtshilfen für den Lateinlehrer

Gerhard Hey

Lernen durch Spielen

Lernspiele im lateinischen Sprachunterricht

C. C. Buchners Verlag · Bamberg

AUXILIA
Unterrichtshilfen für den Lateinlehrer
Herausgegeben von Dr. Friedrich Maier

Der Band „Lernen durch Spielen“ wurde verfaßt
von Dr. Gerhard Hey, Kiel

Mit freundlicher Genehmigung der Verlage wurden Abbildungen entnommen aus:

von Hentig, H.: Platonisches Lehren I. Ernst Klett Verlag, Stuttgart 1966 (S. 16)

von Barsewitsch, L.: Lateinisches Verben-Quartett I und II. Schroedel Schulbuchverlag GmbH, Hannover 1982 (S. 28/29)

Broadman, I. u. a.: Die griechische Kunst. Hirmer Verlag, München 1966 (S. 43 – Laokoon)

Stephan-Kühn, F.: Viel Spaß mit den Römern. Zeichnung von Margret und Rolf Rettich. Arena-Verlag, Würzburg 1982 (vord. Vorsatzblatt)

Pfenniger, H.: Modellbogen Römerhaus Augst. Päd. Verlag des Lehrervereins Zürich, Zürich 1976 (S. 45)

ISBN 3 7661 **5408** 7
2. Auflage 1991

Gesamtherstellung:
Graph. Großbetrieb Friedrich Pustet, Regensburg

1 Die Bedeutung der Spielmethode für das Lernen

1.1 Innere Gefahren des Lateinunterrichts

Der Erfolg des Lateinunterrichts wird auffällig oft von drei Gefahren bedroht:
Die erste Gefahr ist die Monotonie. Die Unterrichtsarbeit droht zu erstarren, weil über Jahre die formale Struktur der Anforderungen und Tätigkeiten gleich bleibt: Vokabellernen, Formenaneignung, Erarbeitung der Grammatik, Übersetzen. Auch wechselnde Themen der Lesestücke können nur schwer ein Gegengewicht zu der Gleichförmigkeit des Unterrichtsablaufes schaffen, vor allem wenn das Textangebot gar nicht sehr abwechslungsreich ist.[1] Das führt dazu, daß, wie JOSEF ANTON MAYER feststellt, „der Lateinunterricht bis zur Schriftstellerlektüre über mehrere Jahre hinweg ermüdender Lektionenbetrieb ist".[2]
Die Folge der mangelnden Abwechslung ist die Langeweile. Sie wird noch durch die ehrwürdigen und ernsten Texte aus dem Bereich der Mythologie, der Geschichte oder des Krieges verstärkt, die ein fröhliches Lernen nicht zulassen. MANFRED FUHRMANN gibt eine Empfehlung dafür, wie das Pauken ohne Spaß und ohne Lachen beendet werden kann: „Der Lateinunterricht sollte vom hohen Reck des Imperium Romanum und den zugehörigen Marmorbüsten und Triumphbögen Abschied nehmen."[3]
Die zweite Gefahr ist die Überbetonung des Intellekts und die gleichzeitige Vernachlässigung des Gefühlsbereichs der Schü-

---

1 W. SIEWERT hat eine thematische Auflistung der Lesestücke verschiedener Unterrichtswerke vorgenommen. Für das weitverbreitete Lehrbuch IANUA NOVA kam er zu folgenden Prozentzahlen: 38,8% der Texte befassen sich mit dem Thema Krieg, 28,6% mit Mythologie, 8,7% der Texte sind Fabeln, 7,7% sind geschichtliche Texte. Lude Latine – Latine laetare – Spiel im Lateinunterricht. In: Alte Sprachen in Rheinland-Pfalz und im Saarland 25 (1979). H. 2–3, 5.

2 MAYER, J. A.: Lernziele im Lateinunterricht. In: Vorarbeiten zur Curriculum-Entwicklung. Modellfall Latein (hrsg. von MAYER, J. A.). AU XV, Beiheft 1 (1972), 13.

3 FUHRMANN, M.: Alte Sprachen in der Krise. – Stuttgart 1976, 12.

ler. Diese Gefahr hat wie auch die erste Gefahr ihre Ursache im Gegenstand und den Zielen des Lateinunterrichts selbst. Im Unterschied zu allen anderen Sprachen der Schule wird Latein nicht gesprochen. Die Aufgabe des Lateinunterrichts ist das Nachdenken und das Sprechen über die Sprache, nicht der lebendige Gebrauch der neuen Sprache selbst. „Das hohe Lernziel der Sprachreflexion ist zwangsläufig mit einem Verlust an Spontaneität und Unmittelbarkeit erkauft: dem kognitiven Überhang entspricht exakt ein emotionales und affektives Defizit und eine psychomotorische Unterforderung unserer Lateinschüler."[4] Die ständig geforderte analytische Wahrnehmung blockiert die Gefühlsbeteiligung und läßt einem mitfühlenden Nacherleben keinen Platz. JEAN MAROUZEAU beschreibt anschaulich die Folgen der Abstraktion:

> „Es ist wie eine Verhexung über dem Latein, daß alles, was von ihm stammt, das Zeichen der Langeweile und des Todes trägt: die ‚Freude' hört auf zu lächeln, wenn sie durch ‚gaudium' gegangen ist, das ‚Gemetzel' ist nicht mehr schrecklich, wenn es ‚caedes' übersetzt, und die ‚Rose' ist verblüht, wenn man ‚rosa' dekliniert hat."[5]

Der spezifische formale Bildungswert des Latein, die Einübung in ein genaues, kontrolliertes Lesen, kann zu einer nicht wünschenswerten emotionalen Verarmung und intellektuellen Einseitigkeit führen. Texte, die jüngeren Schülern keine Identifikationsmöglichkeit geben, bieten auch nicht die Chance, die Schüler in ihrem Gefühlsleben anzusprechen und zu unterstützen.

Die dritte Gefahr ist die Verhinderung des selbständigen Lernens. Im Lateinunterricht der Anfangsjahre gibt es fast nur eine Sozialform: den Frontalunterricht. Der Lehrer steuert und kontrolliert jeden Arbeitsschritt. Interaktionen finden fast ausschließlich zwischen Schüler und Lehrer statt. Diese Art der Unterrichtsführung hat ihren Sinn und ihre Berechtigung. Aber weil sie in der Spracherwerbsphase oft notwendig ist,

---

4 BARIÉ, P.: Canere aude. In: AU XXII 5 (1979), 74.
5 MAROUZEAU, J.: Das Latein. – München 1969, 9.

vergißt der Lateinlehrer andere Formen der Interaktion auch dann, wenn diese möglich wären.
Ein Wechsel der Sozialform kann, wie ein Wechsel der Methoden, die Motivation stärken. Unterrichtsstunden, die vom Lehrer weniger gelenkt werden, verlangen eine neue, von den Schülern mitgestaltete Ordnung. Ein sozial einförmiger Unterricht verkleinert die Chance, daß die Schüler auch im Fach Latein lernen, selbständiger und stärker gruppenbezogen zu handeln.[6]

1.2 Das Lernspiel und die inneren Gefahren des Lateinunterrichts

Es gibt verschiedene Mittel zur Vermeidung der genannten Gefahren. Eine besondere Rolle spielt die Person des Lehrers, die es ermöglicht, „das Lernen selbst lebendig und vergnüglich zu machen", wie Bruno Snell sagt.[7] Er selbst erinnert sich dankbar an einen solchen ‚klugen' und ‚munteren' Schulmeister.
Das Lehrbuch ist ein weiterer Faktor, von dem die Lebendigkeit des Schulunterrichts abhängt. Große Fortschritte sind auf diesem Gebiet erzielt worden. Mißt man die Qualität der auf dem Markt angebotenen Lehrbücher daran, ob sie es verstehen, den Lernstoff unterhaltsam, abwechslungsreich, altersangemessen und methodisch vielseitig darzubieten, dann schneidet das Lehrbuch CURSUS LATINUS bzw. CURSUS NOVUS (Buchner, Lindauer, Oldenbourg) mit all seinen Zusatzmedien zur Zeit wohl am besten ab. Die Absicht der Autoren, die *dira necessitas* der Lernarbeit auch mit Spaß zu versehen, wirkte konzeptbildend in diesem Unterrichtswerk.[8]

---

6 Vgl. Erb, J.: Gruppenunterricht. In: Fachdidaktisches Studium in der Lehrerbildung. Alte Sprachen 2 (hrsg. von Gruber, J./Maier, F.). – München 1982.
7 Snell, B.: Neun Tage Latein. – Göttingen 1968, 9.
8 Vgl. CURSUS LATINUS (hrsg. von Bayer, K.). Methodisches Beiheft I. Bamberg/München 1972, 1. CURSUS LATINUS, Arbeitsheft II. Bamberg/München 1978, 3.

Ein weiteres Mittel gegen drohende Erstarrung im Formalen, gegen Intellektualisierung und soziale Einförmigkeit entstammt dem Bereich der Unterrichtsmethodik. Es gibt für Kinder eine Tätigkeit, die meistens nicht als langweilig empfunden wird, meistens Spaß macht und gleichzeitig Verstand und Gefühl anspricht: das Spielen. Diese Beobachtung ist der Ausgangspunkt für den Versuch, gelegentlich Unterrichtsaktivitäten nach Prinzipien spielerischer Handlungsformen zu organisieren, um so den drei typischen Fehlentwicklungen des Lateinunterrichts zu begegnen.
Spielerische Unterrichtsverfahren tragen dazu bei, der Wiederholung des ständig Gleichen und der Langeweile im Lateinunterricht entgegenzuwirken. Sie tun es auf eine unspezifische Weise, indem sie das methodische Instrumentarium des Lehrers erweitern und ihm so helfen, nach dem Grundsatz *variatio delectat* zu verfahren. Sie tun es auf eine spezifische Weise, indem sie den üblichen und notwendigen Formendrill und die gewohnte Übersetzungsarbeit durch besonders unterhaltsame, spannende und lustige Arbeitsformen ersetzen. Methodenwechsel und unterhaltsame Elemente im Unterricht machen Schüler wach und aktiv.

Einfallsreichere Methoden und eine vom Geist des Spielens beherrschte Grundstimmung bewirken eine positive Einstellung zum Fach und zu den geforderten Anstrengungen. Die überdauernde positive Haltung einem Schulfach gegenüber ist eine wichtigere Stütze der Motivation als eine einmalige, situationsabhängige Begeisterung.[9] Außerdem gehört „die anhaltende Freudigkeit“, wie HARTMUT VON HENTIG sagt, „immer noch zu den sichersten Kriterien für die Richtigkeit des Unterrichts“.[10]

---

9 Vgl. HECKHAUSEN, H.: Förderung der Lernmotivierung und der intellektuellen Tüchtigkeit. In: Begabung und Lernen (hrsg. von ROTH, H.). – Stuttgart 1971[6], 196 u. 205.
10 VON HENTIG, H.: Platonisches Lehren I. – Stuttgart 1966, 305.

Hinter dieser Äußerung steht eine pädagogische Maxime, die nicht allein Effektivitätserwägungen entspringt. Sie wurzelt in einem humanistischen Verständnis vom lernenden Menschen. Auf diese Tradition verweist SNELL, wenn er schreibt:

„Es gehört zum Wesen des freien und überlegenen Menschen, daß er so mit Möglichkeiten spielen kann, und es scheint mir, daß es unserem Gymnasium nur gut tun könnte, wenn es diesen Spielcharakter des Lateinlernens etwas mehr hervorkehrte. Nebenbei würde die dadurch hervorgerufene Freude auch das Lernen erleichtern, und außerdem gehören Heiterkeit und Witz wesentlich zu der humanistischen Tradition, die das Gymnasium pflegen sollte.“[11]

Spielerische Unterrichtsverfahren tragen auch dazu bei, der zweiten Gefahr, der ‚Kopflastigkeit' der Lateinstunden, entgegenzuwirken. HERBERT RAUSCHER macht sich in überzeugenden Worten zum Sprecher der Schüler, die nicht nur fünf Stunden am Vormittag intellektuell gefordert werden wollen:

„Vor die Tugend haben die Götter den Schweiß gesetzt. Das ist eine Binsenwahrheit. Es ist aber auch eine Binsenwahrheit, daß es nicht genügt, immer nur an das Sitzfleisch des Schülers zu gemahnen und seinen Verstand zu fordern. Der Schüler ist ein Mensch mit Leib und Seele, mit Verstand, Herz, Gefühl und Gemüt. In ihm ist mehr anzusprechen als der Intellekt allein, in ihm ist mehr zu beleben als der bewußt gesteuerte Wille.“[12]

Die Inszenierung eines römischen Triumphzuges im Klassenzimmer, das Nachspielen des Empfanges von Alkibiades in Athen, das Hantieren mit Spielpuppen und Spieltieren zur Darstellung einer Fabel, die Begeisterung von Schülergruppen im Wettkampf bringen Bewegung nicht nur in den Intellekt, sondern auch in die Vorstellungs- und Gefühlswelt der Lernenden. Die Personen der Lesestücke, ihre Ängste, Leidenschaften und Absichten müssen zum Leben erweckt werden. Das kann gelegentlich durch das Spiel gelingen.

---

11 SNELL, B., a.O. (s. Anm. 7), 7.

12 RAUSCHER, H.: Darstellendes Spiel im altsprachlichen Unterricht. – München 1966, 12. Vgl. auch SCHWINGE, G.: Das Spiel im altsprachlichen Unterricht. In: Fachdidaktisches Studium in der Lehrerbildung. Alte Sprachen 1 (hrsg. von GRUBER, J./ MAIER, F.). – München 1979, 114–121.

Methoden, die geeignet sind, die ganze Person des Schülers im Lernprozeß anzusprechen, so daß es zu einer „Mittätigkeit des Kopfes und des Herzens, des Intellekts und der Empfindung“[13] kommt, sind pädagogisch besonders wertvoll. Unter diesem Gesichtspunkt bewertet AMTMANN die Rolle des Schulspiels:

> „Spiel als Methode des Unterrichts ist eine Methode unter anderen. Daß diese Methode gelegentlich anderen Unterrichtsmethoden überlegen ist, rührt daher, daß darstellendes Spiel immer den ganzen Menschen in seinem Denken, Fühlen und Handeln fordert.“[14]

Nur Lernprozesse mit dieser Qualität sind für das geistige und seelische Wachstum des Menschen von Bedeutung.
Das Interesse an der Gesamtentwicklung des Schülers liegt auch der Beurteilung der Sozialformen, der dritten Schwachstelle des Lateinunterrichts, zugrunde. Heranwachsende verbringen einen großen Teil ihrer Lebenszeit in der Schule. Deshalb wird kein Pädagoge sich mit den intellektuellen Lernergebnissen alleine zufrieden geben. Die Qualität von Schule und Unterricht wird auch an der Frage gemessen, was Jugendliche in der Schule im Umgang mit anderen Menschen lernen: Machen sie Erfahrungen, die sie befähigen, aktives Mitglied einer Gruppe zu werden, mit anderen Schülern zusammenzuarbeiten, Spielregeln der Zusammenarbeit einzuhalten, über sie nachzudenken und sie zu verändern? Lernspiele bieten oft die Chance, Gespräche über die Zusammenarbeit anzuregen und neue soziale Erfahrungen zu machen.
Es scheint so, als falle es gerade den Vertretern der Alten Sprachen schwer, die soziale Dimension in einem umfassenden Unterrichtskonzept voll zu erkennen. Zwar spricht FRIEDRICH MAIER von Latein als einem Mittel, das auf die „geistige und seelische Entwicklung des heranwachsenden Menschen vielfach fördernd einwirkt“.[15] Aber seine dann folgende Aufzäh-

---

13 SEEL, O.: Grammatik und Erlebnis. In: AU VI (1963), 18.
14 AMTMANN, P.: Das Schulspiel. – München 1968, 25.
15 MAIER, F.: Lateinunterricht zwischen Tradition und Fortschritt, Bd. I. – Bamberg 1979, 39.

lung der „Facetten des Bildungszieles des Faches Latein" sprengt nicht den Rahmen der traditionellen Geistesschulung. Das Ziel des Sprachunterrichts sollte jedoch sein, wie SEEL sagt, daß der Schüler „menschlich wachsen, reifen und froh, und nicht eng, verdrossen und stumpf werden muß".[16] Die intensivierten sozialen Kontakte, wie sie in Spielmethoden angestrebt werden, sind ein Mittel, neben anderen, zur Erreichung dieses anspruchsvollen Zieles.
Lernspiele sind kein Zaubermittel, um die Gefahr der Langeweile, der einseitigen Intellektualisierung und der Unterforderung der Schüler in ihrem Sozialverhalten abzuwenden. Sie können aber helfen, den Verlauf des Unterrichts abwechslungsreicher, gefühlsengagierter und im Sozialverhalten differenzierter zu gestalten. Jedoch erfüllt keine Methode allein durch ihre formale Organisationsstruktur die an sie geknüpften Erwartungen. Auch der Erfolg von spielerischen Unterrichtsverfahren hängt von Voraussetzungen und Durchführungsbedingungen ab (vgl. Kap. 6).

1.3 Das Lernspiel als Unterrichtsmethode

Das Lernspiel ist eine Unterrichtsmethode. Aus dieser Erklärung ergeben sich wichtige Konsequenzen für die praktische Unterrichtsplanung. Unterrichtsmethoden sind „Organisations- und Vollzugsformen zielgerichteten unterrichtlichen Lehren und Lernens."[17] Das Hauptmerkmal aller Methoden ist ihre Zielgerichtetheit. Deshalb müssen Lernspiele danach beurteilt werden, ob sie helfen, unterrichtliche Zielvorstellungen „schneller, umfassender oder leichter"[18] als auf anderem Wege zu verwirklichen.

---

16 SEEL, O., a.O. (s. Anm. 13), 20.
17 KLAFKI, W.: Zum Verhältnis von Didaktik und Methodik. In: Z. f. Päd. 22, 1 (1976), 89.
18 RAUSCHER, H., a.O. (s. Anm. 12), 15.

1.3.1 Der Zusammenhang von Methode und Ziel

Das Lernspiel als Unterrichtsmethode kann nur dann als vielseitiges Instrumentarium gewürdigt werden, wenn die oben angesprochenen affektiven und sozialen Ziele als Komponenten eines umfassenden Unterrichtskonzeptes anerkannt werden. Leider haben die Diskussionen über die affektiven und sozialen Aufgaben des Lateinunterrichts weniger stark nachgewirkt als die allgemeine didaktische Positionsbestimmung des Faches Latein.[19]

Die umfassende Beurteilung einer Methode hat in bezug auf drei Zieldimensionen zu erfolgen:

- im Blick auf die kognitiven Lernziele. Zu dieser Dimension gehören alle sprachlich-intellektuellen Leistungen (siehe Abschnitt 1.4);
- im Blick auf affektive Lernziele des Faches oder fachübergreifender Art. Dazu gehört die Bereitschaft, sich mit Wertvorstellungen auseinanderzusetzen und selbst Stellung zu beziehen;[20]
- im Blick auf fachübergreifende soziale Lernziele. Zu dieser Dimension gehören Einstellungen und Fähigkeiten im Zusammenleben mit anderen Personen. Ein Lernen in dieser Dimension kann nicht durch Reflexion allein erfolgen. Hierfür ist es notwendig, Erfahrungen zu machen.

Zielentscheidungen in allen drei Dimensionen erfolgen unter unterschiedlichen Zeitperspektiven. Ziele können innerhalb weniger Minuten, im Verlauf einer Unterrichtsstunde oder im

---

19 SCHÖNBERGER, O.: Entstehung und Funktion der Lernzielmatrix für den Lateinunterricht. In: Lernziele und Fachleistungen (hrsg. von BAYER, K.). AU XVI, Beiheft 1 (1973), 25–29.
KREFELD, H.: Affektive Lernziele im Lateinunterricht. In: Gymn. 84 (1977), 291–307.
CLASEN, A.: Wozu Latein? In: Didaktik des Altsprachlichen Unterrichts (hrsg. v. NICKEL, R.). – Darmstadt 1974, 10–22.

20 KREFELD, H., a.O. (s. Anm. 19) unterscheidet vier affektive Lernstufen: Beachtung von Stimuli, Reagieren, Interesse, Entscheidungen. Die Diskussion affektiver Lernziele sieht KREFELD im Zusammenhang des Bemühens, „das Erzieherische in der Schule wiederzugewinnen“ (a.O., 306).

Rahmen eines mehrjährigen Lernprozesses angestrebt und erreicht werden. Es unterscheidet die intellektuellen Lernziele von den Zielen, die sich auf die Veränderung von Einstellungen oder des sozialen Handelns beziehen, daß sie besser planbar und innerhalb kürzerer Zeit erreichbar sind und ihr Erreichen tatsächlich überprüfbar ist. Deshalb beurteilen wir im allgemeinen Methoden vorzugsweise nach ihrer Effektivität für eine Zieldimension, der kognitiven, auch wenn wir umfassendere Unterrichtskonzepte grundsätzlich bejahen.
Ein Verständnis für alle drei Zieldimensionen und für die unterschiedliche Zeitperspektive ihrer Verwirklichung erlauben eine differenziertere Beurteilung von spielerischen Unterrichtsmethoden.

1.3.2 Der Zusammenhang von Methode und allgemeinen Voraussetzungen

Die Verwendung von Spielformen im Unterricht hängt nicht nur von einer klaren Zielsetzung ab. Der sinnvolle Einsatz von Lernspielen gründet auf einer Reihe personaler, sozialer und technischer Voraussetzungen.
Das Spielen kann dazu führen, daß die gewohnte Ordnung verändert wird. Wenn ein Lehrer die Aufhebung der von ihm geschätzten Disziplin im Unterricht nicht akzeptieren kann, sind die persönlichen Voraussetzungen nicht gut. Spielen bringt meistens mehr Unruhe als traditionellere Unterrichtsformen. Eine Klasse, die schwer zu zügeln ist, muß anders an Spielmethoden herangeführt werden als eine schüchterne, ruhige Klasse.
Für manche Spiele sind Materialien nötig, z. B. Quartettkarten. Sie reichen nicht aus, um alle Schüler gleichzeitig zu versorgen. Es muß also ein Zusatzangebot vorbereitet werden, z. B. ein Würfelspiel. Spiele können mit dem Klingeln nicht so abrupt abgebrochen werden, vor allem wenn das Spielmaterial noch sorgfältig eingesammelt werden muß.

Die genannten Beispiele veranschaulichen, daß die personalen, gruppendynamischen, technischen und zeitlichen Voraussetzungen von entscheidender Bedeutung für die Auswahl der Spiele und ihren erfolgreichen Einsatz sind (vgl. Kap. 5).

1.4 Die didaktischen Funktionen des Lernspiels

Lernspiele können nach verschiedenen Gesichtspunkten gesammelt und geordnet werden:

- Die Einteilung erfolgt nach spielorganisatorischen Gesichtspunkten, z. B. ‚Gesellige Spielformen', ‚Pantomimische Spielformen', ‚Dialogische Spielformen'.[21] Zu den äußeren Kriterien der Einteilung gehört auch die Ordnung nach der vorherrschenden Handlungsform wie ‚Hantieren', ‚Schreiben', ‚Sprechen'[22] oder nach Spielformen wie ‚Kartenspiel', ‚Würfelspiel', ‚Rätsel', ‚Schreibspiel' und ‚szenisches Spiel'.[23]
- Die Einteilung erfolgt nach didaktischen Gesichtspunkten, z. B. Spiele zur Erweiterung des Wortschatzes, zur Überprüfung der Rechtschreibung, zur Festigung sprachlicher Strukturen usw.[24]

Die didaktische Klassifikation von Spielen ist für die Praxis der Unterrichtsplanung bestimmt vorteilhaft, da der Lehrer ebenfalls nach didaktischen Gesichtspunkten Planungsentscheidungen trifft, und zwar auf zwei Ebenen: Er legt z. B. fest, daß am nächsten Tag Vokabeln kontrolliert, der AcI eingeführt und das Lesen geübt werden sollen. Er faßt dabei ins Auge, welche Lernbereiche in der Stunde berücksichtigt werden sollen: Wortschatz, Syntax und Lesen. Er legt zweitens fest, was kontrolliert, eingeführt oder geübt werden soll. Die Arbeit in

---

21 Rauscher, H., a.O. (s. Anm. 12), 20ff.

22 Steinhilber, J.: Didaktik des Spiels im Fremdsprachenunterricht. – Frankfurt a. M. 1982, 43.

23 Steinhilber, J.: Medienhandbuch zum Lateinunterricht. Auxilia 6. – Bamberg 1982, 74–85.

24 Mundschau, H.: Lernspiele für den neusprachlichen Unterricht. – München 1976².

den einzelnen Lernbereichen bewegt sich auf unterschiedlichen Lernstufen.[25]

Die Inhalte des lateinischen Elementarunterrichts können acht didaktisch abgrenzbaren und methodisch eigenständigen **Lernbereichen** zugeordnet werden:

1. Wortschatz
2. Formenlehre
3. Syntax
4. Lesen und Sprechen
5. Übersetzen
6. Interpretation
7. Sprachreflexion
8. Kulturwissen.

Die Arbeit selbst entfaltet sich auf sechs für die Unterrichtsplanung bedeutsamen **Lernstufen**.[26]

1. Einführung und Präsentation
2. Erarbeitung und Regelbildung
3. Übung und Festigung
4. Wiederholung und Vertiefung
5. Anwendung und Transfer.

Im Netz dieser Matrix von Lernbereichen und Lernstufen kann die didaktische Funktion des Lernspiels nun genau bestimmt werden. Nach diesen beiden Gesichtspunkten ist auch die Spielsammlung des Kap. 2 angelegt.

---

25 Zum Begriff der ‚Lernstufen' vgl. HEIMANN, P./OTTO, G./SCHULZ, W.: Unterricht. Analyse und Planung. – Hannover 1972[6], 32.

26 Die hier genannten sechs Stufen entsprechen weitgehend dem von J. A. MAYER für den Lateinunterricht entwickelten Artikulationsschema, a.O. (s. Anm. 2), 13–35.

Matrix zur Bestimmung der didaktischen Funktion des Lernspiels

Lernstufen	Inhalte des Elementarunterrichts (Lernbereiche)							
	Wortschatz	Formenlehre	Syntax	Lesen	Übersetzen	Interpretation	Sprachreflexion	Kulturwissen
Einführung								
Erarbeitung								
Übung								
Vertiefung								
Anwendung								

Die Arbeit in den einzelnen Lernbereichen durchläuft die Lernstufen auf unterschiedliche Weise. So ist z. B. für die Vermittlung kulturhistorischer Kenntnisse die Stufe des Übens weit weniger wichtig als für die Wortschatzarbeit. Für die Wortschatzarbeit wiederum hat die Phase der Erarbeitung nicht die unterrichtliche Bedeutung wie für die Behandlung syntaktischer Phänomene.

Spielmethoden sind zwar prinzipiell für die Arbeit in allen Lernbereichen denkbar, aber in der Praxis werden sie im Bereich der Sprachreflexion und der Übersetzung selten, im Bereich des Wortschatzes und der Formenlehre häufiger eingesetzt werden können. Ebenso können spielerische Verfahren für alle Lernstufen sinnvoll sein, aber sie erweisen sich vor allem in Phasen des Übens und Wiederholens als brauchbar.

2 Sammlung und Beschreibung von Lernspielen

2.1 Lernspiele für die Arbeit am Wortschatz

2.1.1 Einführung und Präsentation

a) **Szenische Veranschaulichung.** Die Bedeutung neuer und leicht zu verwechselnder Vokabeln werden durch Gesten und Handlungen veranschaulicht. Der Lehrer sitzt: ‚*sedeo*', er steht auf: ‚*surgo*', er setzt sich hin: ‚*consido*'. Er läßt einen ‚Baum' (Bleistift) fallen: ‚*arbor cadit*', er deutet die Bewegung des Holzfällens an: ‚*arborem caedo*'. Er greift nach einem Buch: ‚*librum possido*', er hält das Buch fest: ‚*librum possideo*'. Die Gesten und Handlungen werden auch dann wieder ausgeführt, wenn diese Vokabeln später einmal wiederholt werden. Im Gedächtnis der Schüler sollen feste Verbindungen zwischen der Vokabel und den wahrgenommenen Bewegungen entstehen.[27]

b) **Optische Veranschaulichung.** Die Bedeutung von Vokabeln wird mit Hilfe von Bildern erklärt und eingeprägt. Dazu wird das Bildmaterial des Unterrichtsbuches herangezogen, eigene Skizzen werden angefertigt oder man greift auf so lustige Zeichnungen zurück wie die Mäuse-Bilder von Hartmut von Hentig[28] (vgl. S. 16).

c) **Epische Veranschaulichung.** Für die Aneignung leicht verwechselbarer Wörter wird eine kleine Geschichte erzählt, in der die schwierigen Wörter gebraucht werden: Als Tom Sawyer nach Hause kam *(domum),* war Tante Polly nicht zu Hause *(domi).* Sie mußte von zu Hause *(domo)* weggegangen sein, um Tom zu suchen. Aber ... Die Einbindung dieser und anderer schwieriger Wörter in eine lustige Erzählung macht das Vokabellernen und das Wiederholen zu einer weniger trübsinnigen Paukerei.

2.1.2 Übung und Festigung

a) **Kreuzworträtsel.** Sie bilden eine motivierende Form der Festigung der eigenen Vokabelkenntnisse. Sehr kunstvolle Rätselgebilde sind von Jürgen Steinhilber für den Lateinunterricht entwickelt worden.[29] Anregungen bieten auch die Arbeitshefte zu CURSUS LATINUS und CURSUS NOVUS. In der Praxis ergibt sich die Schwierigkeit, daß die Rätsel sich auf den gerade

---

27 Anregungen zu dieser Art des spielerischen Erklärens findet man auch bei Rauscher, H.: Darstellendes Spiel im altsprachlichen Unterricht, 30ff.

28 von Hentig, H.: Platonisches Lehren, 411.

29 Steinhilber, J.: Rätsel zu Ianua Nova. – Göttingen 1978.

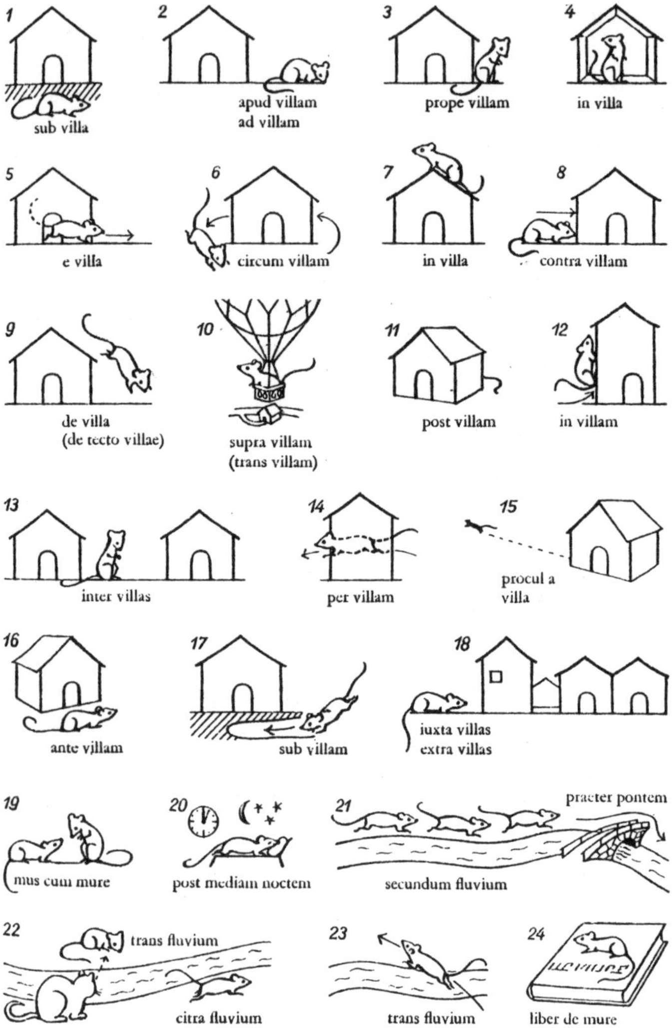
1 sub villa
2 apud villam
ad villam
3 prope villam
4 in villa
5 e villa
6 circum villam
7 in villa
8 contra villam
9 de villa
(de tecto villae)
10 supra villam
(trans villam)
11 post villam
12 in villam
13 inter villas
14 per villam
15 procul a
villa
16 ante villam
17 sub villam
18 iuxta villas
extra villas
19 mus cum mure
20 post mediam noctem
21 praeter pontem
secundum fluvium
22 trans fluvium
citra fluvium
23 trans fluvium
24 liber de mure

behandelten Stoff beziehen sollen, aber der Lehrer meistens nicht die Zeit hat, sich selbst komplizierte Rätselformen auszudenken. Deshalb soll hier die einfachste und anspruchsloseste, aber am schnellsten selbst zu bastelnde Rätselform vorgestellt werden, das sogenannte Kammrätsel.[30]
Folgendem Beispiel liegt das Vokabelpensum der Lektion 27 und 28 aus IANUA NOVA I zugrunde.

	2 ↓	3 ↓	4 ↓	5 ↓	6 ↓	7 ↓	8 ↓
1 →	i	n	c	e	n	d	o
	n	o	e	r	a	e	r
	t	m	r	e	t	v	a
	e	i	t	p	i	i	
	r	n	a	t	o	n	
	e	i	m	u	n	c	
	s	s	e	m	i	o	
	t		n		s		

Frage 1 (ich zünde an) wird waagrecht eingetragen. Der erste Buchstabe der folgenden Vokabeln ist dadurch bekannt. Die Antworten auf Frage 2 bis 8 werden senkrecht eingetragen. Der tiefere Übungseffekt wird dann erreicht, wenn nach der Bearbeitung des Rätsels die Ergebnisse mehrmals und abwechslungsreich vorgetragen und besprochen werden.
b) **Silbenrätsel.** Auch hierfür finden sich Beispiele in den Arbeitsheften zu CURSUS LATINUS und CURSUS NOVUS. Hier sei wiederum eine sehr einfache, aber schnell selbst zu entwerfende Form erklärt. Aus den Vokabeln der Lektionen 34 und 35 von ROMA I wähle ich vier zweisilbige Formen aus. Ich schreibe folgende acht Silben an die Tafel:
port – o – eā – time – es – post – aci – us
Aus den Silben sind lateinische Wörter mit folgender Bedeutung zu bilden:

1. der Hafen *portus* . . . .
2. ich fürchte *timeo* . . . .
3. nachher *postea* . . . .
4. die Schlacht *acies* . . . .

30 Vgl. Steinhilber, J.: Medienhandbuch zum Lateinunterricht. Auxilia 6. – Bamberg 1982, 83.

c) **Vokabel-Ping-Pong.** Die Klasse wird in zwei (oder mehrere) Gruppen aufgeteilt. Es sollen z. B. die Verben der e-Konjugation wiederholt werden. Eine Gruppe muß anfangen, ein Verb zu nennen, z. B. *monere.* Der Lehrer zeigt auf die andere Gruppe, die nun an der Reihe ist: *videre.* Gruppe 1 ist wieder am Zuge usw. Wenn eine Gruppe kein Wort mehr weiß, bekommen die Gegner einen Punkt. Jede Gruppe hat maximal 15 Sekunden Zeit zum Überlegen.
Bei jüngeren Schülern ist es günstiger, wenn sich die Gruppenmitglieder, die ein Wort wissen, melden. Der Lehrer ruft dann einen auf. Älteren Schülern kann man es selbst überlassen, sich innerhalb der Gruppe zu verständigen. Es empfiehlt sich, die genannten Wörter an der Tafel mitzuschreiben:

Gruppe 1	Gruppe 2
monere	*videre*
delere	*habere*
usw.	

Dadurch wird kontrolliert, daß keine Vokabel zweimal genannt wird. Das an der Tafel gesammelte Wortmaterial kann nach der Spielrunde zum Ausgangspunkt für weitere Übungen gemacht werden oder es kann in das Heft übertragen werden.
Das Spiel gewinnt seine Spannung durch die Ungewißheit, welcher Gruppe zuerst die ‚Puste' ausgeht. Auch schwächere Schüler können zu wahren Helden werden, wenn sie kurz vor Ablauf der 15-Sekunden-Frist doch noch mit einer Vokabel ihre Gruppe vor dem ‚Aus' retten können.
Die Definition der Wortklasse, aus der Beispiele genannt werden müssen, hängt vom Unterrichtsstoff ab. Auf diese Weise können i-Adjektive eingeübt werden, Adverbien, Substantive der e-Deklination, Verben der Fortbewegung usw. Man achte nur darauf, daß der Umfang der Wortklasse nicht zu groß ist. Sonst dauert eine Runde zu lange, und die Spannung läßt nach.

d) **Kofferpacken.** Auch dieses bekannte Gesellschaftsspiel wird zur Einübung eines bestimmten Vokabelpensums benutzt. Wieder wird eine Wortklasse definiert: Vokabeln der neuen Lektion, Vokabeln der o-Deklination, die auf *-er* enden usw. Schüler A beginnt: „Ich packe in meinen ‚Koffer' das Wort *puer*". Schüler B: „Ich packe in meinen ‚Koffer' die Wörter *puer* und *magister.*" Schüler C: „Ich packe in meinen ‚Koffer' die Wörter *puer, magister* und *liber.*" Solange das ‚Gedächtnisgepäck' noch nicht zu schwer ist, kommen die Schüler in der Reihenfolge der Sitzordnung dran. Später dürfen diejenigen weiterpacken, die sich melden.

e) **Vokabelkartei.** Das Hantieren mit Vokabelkärtchen eröffnet zahlreiche Möglichkeiten des spielenden Übens. Es seien hier einige Übungen in der Gruppe erläutert.[31]
Wenn jeder Schüler einer Klasse sich eine Kartei angelegt hat, dann werden die Kärtchen nach Wortarten geordnet und mit Leitkarten versehen.[32] Zu einer Unterrichtsstunde bringen alle ihre Adverb-Kärtchen mit. Nun bilden wir eine Vokabel-Kette: Schüler A nimmt ein Kärtchen, liest die Vokabel vor. Alle anderen ‚fischen' das entsprechende Kärtchen aus ihrem Stapel, einer liest die Übersetzung vor und nennt ein neues Adverb. Das Suchen beginnt von neuem. Jeder Schüler kann so kontrollieren, ob seine Sammlung vollständig ist und die gesuchten Kärtchen schnell auffindbar sind.
Auch das Vokabelabfragen wird abwechslungsreicher, wenn der Lehrer Kärtchen wie Lose aus der Sammlung des Schülers herauszieht. Der Schüler muß nun die Bedeutung der ‚gezogenen' Vokabeln nennen.
Unabhängig von der individuellen Kartei bringt der Lehrer gelegentlich selbst beschriftete Kärtchen mit. Auf ihnen stehen besonders wichtige, aber schwere Stammformen. Wer die Stammform richtig nennt, erhält das Kärtchen als ‚Gutschein'. Fünf ‚Gutscheine' werden ‚eingetauscht',[33] der Lehrer bekommt die Vokabelkärtchen zurück, so daß diese wieder erneut in Umlauf gebracht werden können. Diese Art der Vokabelwiederholung schafft selbst am Ende eines langen Schulvormittags nochmals Spannung und Konzentration. Die so ins Spiel gebrachten Verben können übergangslos zum Ausgangspunkt weiterer Übungen und Erarbeitungen der folgenden Unterrichtsphasen verwendet werden.

Vokabelkärtchen

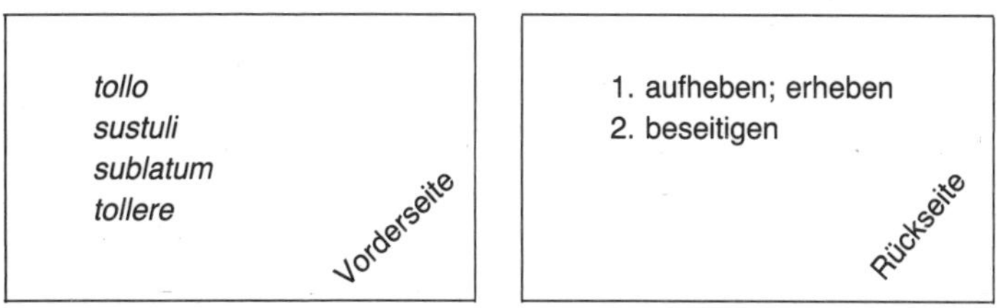

---

31 Nützliche Ratschläge zur selbständigen Arbeit mit einer Vokabelkartei finden sich bei LEITNER, S.: So lernt man lernen. – Freiburg/Basel/Wien 1980[10], 56–74 u. 197–229.

32 Karteikärtchen und ein Karteikasten können selbstverständlich von den Schülern selbst hergestellt werden. Gute Erfahrungen wurden auch mit der merky-Minikartei A 8 aus dem Klett-Verlag gemacht.

33 Als Eintauschobjekt für die ‚Gutscheine' ist ein Bastelbogen ‚Römerhaus Augst' bei den Schülern sehr beliebt. Dieser Bastelbogen ist für 1 Schweizer Franken beim Pädagogischen Verlag des Lehrervereins Zürich, Vertriebsstelle: R. u. F. Müller-Gremper, Postfach, CH-8126 Zumikon, zu erhalten.

2.1.3 Wiederholung und Vertiefung

a) **Scrabble.** Nach dem Muster des bekannten Gesellschaftsspieles wird eine Gruppe von Buchstaben vorgegeben, am besten, indem man eine Vokabel an die Tafel schreibt, z. B. *cantare.* Die Schüler werden nun aufgefordert, aus dem Buchstabenbestand dieses Wortes möglichst viele neue Wörter zu bilden. Es ist darauf zu achten, daß kein weiterer Buchstabe ,hinzugemogelt' wird. Dabei ergeben sich Wörter wie *acer, natare, re*; es kann vereinbart werden, daß vom selben Wortstamm alle möglichen Formen gebildet werden: *natā; natae; nata; cantā; acre; erat;* usw.
Je länger das Wort ist, um so leichter fällt es natürlich den Schülern, neue Buchstabenverbindungen zu erkennen. Der Lehrer schreibt alle Einfälle an der Tafel mit. Die gefundenen Lösungen können anschließend nach bestimmten Merkmalen geordnet und übersetzt werden; buchstabengleiche Wörter mit ganz unterschiedlicher Bedeutung (*natā* – Imperativ von *natare; natā* – Abl., Sg., f. von *natus*) werden analysiert. Das ,Scrabble-Spiel' kann gelegentlich auch einmal als Denkaufgabe für zu Hause aufgegeben werden.[34]

b) **Buchstaben-Puzzle.** Der Lehrer schreibt statt einer Vokabel so viele Punkte an die Tafel, wieviele Buchstaben ein bestimmtes Wort hat. Das Wort *incolumis* soll von den Schülern zusammengesetzt werden, also schreibt er neun Punkte auf:

. . . .

Ein Schüler nennt irgendeinen Buchstaben des Alphabets, z. B. ,*i*'. Nun trägt der Lehrer an die Stelle des 1. und 8. Punktes das ,*i*' ein, später wird ,*s*' genannt, dann vielleicht ,*l*' und ,*o*'.

i . . o l . . i s

Wer das ,Puzzle' zuerst vervollständigen kann, darf an die Tafel kommen und den Mitschülern eine neue Aufgabe stellen. Die hohe Motivation bei diesem Rate- und Kombinationsspiel kommt der vertieften Einprägung einzelner, ausgewählter Vokabeln zugute.
Eine Variante dieses Spieles findet sich im Arbeitsheft II von CURSUS LATINUS. Hier werden ,defekte' Formen vorgegeben, an denen „jemand unverschämterweise radiert" habe: *c.vi; sp.p...it.*[35]

c) **Teekessel-Raten.** Auch hier steht ein bekanntes Ratespiel Pate. Man wählt gleichlautende Wörter mit unterschiedlicher Bedeutung aus, z. B. *altus* – hoch, tief. Zwei Schüler stehen vor der Klasse, beide erklären nun abwechselnd, in welchen Situationen ihr ,Teekessel' gebraucht wird. Schüler A: „Ich gebrauche

34 Dieses Spiel wird auch beschrieben bei STEINHILBER, J., a.O. (s. Anm. 30), 84.
35 Vgl. FINK, G./NIEDERMEIER, E.: Arbeitsheft Latein II zu CURSUS LATINUS II. – Bamberg/München 1978, 10.

meinen ‚Teekessel', wenn ich nach New York komme und vor einem Wolkenkratzer stehe" (*altus* = hoch). Schüler B: „Ich gebrauche meinen ‚Teekessel', wenn ich vom Wolkenkratzer auf die Straße blicke" (*altus* = tief). Die Umschreibungen wechseln hin und her, bis ein Mitschüler die Vokabel erraten hat.
Andere ‚Teekessel' sind *ubi* (sobald, wo), *differre* (aufschieben, sich unterscheiden), *cum* (mit, als/da/weil). Konjunktionen sind natürlich schwerer zu erklären als Namen oder Verben. Die erratenen ‚Teekessel' werden an der Tafel festgehalten.

d) **Bildergeschichten.** Eine lustige und produktive Wortfindungsübung ist die selbständige Ausfüllung von Sprechblasen in einem Bild oder in einer Bildergeschichte. Den Personen können verschiedene Ausrufe in den Mund gelegt werden.[36] Sprechblasen oder die einzelnen Bilder können natürlich auch mit kleinen Sätzen versehen werden. Dabei geht es neben der Einübung und Anwendung des Wortschatzes auch um die Festigung des Formenbestandes oder die Umformung bestimmter Satzstrukturen.[37]
Da uns in der Praxis das geeignete Bildmaterial oft nicht zur Verfügung steht, fordern wir zeichnerisch begabte Schüler gelegentlich auf, eine übersetzte Geschichte zu bebildern. Die Klasse formuliert anschließend passende Untertexte für die durch eine Matrize vervielfältigten Bilder.
Sprechblasen und Untertexte können auch für die im Lehrbuch abgedruckten Vasenbilder, Reliefs oder Portraits ausgedacht werden.
Eine einfachere Form des aktiven Gebrauchs eines neuen Vokabelpensums sind Bildbeschreibungen. So ist in ROMA I (S. 105) ein Relief zu sehen, das einen römischen Kaiser auf dem Triumphwagen zeigt. Die Schüler suchen Substantive für alle Dinge, die auf dem Bild zu sehen sind (*equus, currus, imperator, porta, miles, dea* usw.), sie suchen Adjektive für die Gegenstände *(dignus, pulcher, magnus, ater, ferus),* sie suchen Verben, mit denen man die dargestellten Vorgänge beschreiben kann *(stare, spectare, tenere, sedere).*[38]

2.1.4 Lernerfolgskontrolle

Folgende Methoden sollen Beispiele dafür sein, wie man Vokabelkenntnisse gelegentlich auch ohne Motivation durch Zensuren kontrollieren kann.

---

36 Vgl. BENEDICTER, K./FINK, G.: Arbeitsheft Latein I zu CURSUS NOVUS I. – Bamberg/München 1983, 12.
37 Vgl. MISSFELDT, W.: Comics zur Analyse lateinischer Sätze. – Paderborn 1976.
38 Natürlich können in einem nächsten Schritt die gefundenen Wörter auch zu Sätzen verbunden werden: *Imperator dignus in carro stat. Imperator equos feros tenet* usw.

a) **Vokabelkette.** Es sollen die Vokabeln einer bestimmten Lektion gelernt werden. Jeder Schüler braucht ein Blatt Papier und ein Schreibwerkzeug. Jeder notiert sich aus dem Gedächtnis drei Vokabeln aus dem gelernten Pensum. Dann beginnt Schüler A und nennt eine seiner drei Vokabeln, er ruft Schüler B auf. Schüler B antwortet und stellt eine neue Frage. Alle Schüler schreiben die aufgerufenen Vokabeln mit, denn diese dürfen nicht mehr genannt werden. Der Lehrer beschränkt seine Aktivität auf die Kontrolle der Antworten und auf das Mitzählen der ‚Glieder' (Antworten) in der Kette. Die Kette ‚reißt', wenn eine Vokabel falsch übersetzt wird.
Wie bei allen diesen spielerischen Methoden muß man beim ersten Durchgang Zeit für die Erklärung der Spielregeln aufwenden. Später wissen die Schüler, was eine ‚Vokabel-Kette' ist, und der Vorgang kann sofort beginnen.
Der Ehrgeiz der Klasse, ein Reißen der Kette möglichst lange zu vermeiden, kann dadurch gesteigert werden, daß der Lehrer eine ‚Prämie' (verkürzte Hausaufgaben) verspricht, wenn mindestens eine Kette von z. B. 10 Gliedern entsteht.

b) **Vokabel-k.o.** Wieder soll ein bestimmtes Vokabelpensum abgefragt werden. Zwei Schüler stehen auf. Nur sie werden gefragt. Wer zuerst antwortet, darf sich setzen. Nun erhebt sich der dritte Schüler, der zum neuen Herausforderer wird. Die Paarungen können nach verschiedenen Gesichtspunkten vorgenommen werden: die Sitznachbarn erheben sich, jeder darf sich selbst einen Partner suchen, wenn er an der Reihe ist, es ‚kämpfen' immer ein Junge und ein Mädchen zusammen usw.
Das Prinzip kann auch umgekehrt werden. Der Schüler darf stehen bleiben, der die Antwort zuerst nennt. Es bleibt dann die Spannung, wie lange er die Herausforderer ‚überstehen' kann.

c) **Vokabel-Quiz.** Wie auch bei den Rätseln sollen hier nicht ausgefeilte Quiz-Formen dargeboten werden. Am folgenden Beispiel soll gezeigt werden, wie ohne große Vorbereitung des Lehrers die Vokabelkontrolle abwechslungsreich gestaltet werden kann. Das Quiz bezieht sich auf das Vokabelpensum der Lektion 30 von IANUA NOVA A I.
Man wählt ein Kennwort, in diesem Falle habe ich den Namen *Hercules* gewählt. Man schreibt die Kennbuchstaben untereinander und sucht sich aus den 30 Vokabeln dieser Lektion die Wörter so aus, daß die benötigten Buchstaben darin vorkommen.
Im Unterricht wird das lateinische Wort diktiert, der Auftrag wird formuliert und die Nummer des Buchstabens genannt, der zum Kennwort gehört. Im Heft der Schüler entsteht dann folgendes Schema:

Angabe	Auftrag	Antwort	Kennwort
pellis	Übersetzung	Haut	1. Buchstabe H
celer	Neutrum	celere	letzter Buchst. E
surgo	Perfekt	surrexi	4. Buchstabe R
überlassen	Übersetzung	committere	1. Buchstabe C
fore	Normalform	futurum esse	2. Buchstabe U
deferre	Part.Perf.	delatum	3. Buchstabe L
scelus	Genitiv Sg.	sceleris	5. Buchstabe E
anguis	Übersetzung	Schlange	1. Buchstabe S

d) **Staffellauf.** Es werden Gruppen gebildet, z. B. vier. An der Tafel hängen vier Aufgabenzettel, für jede Gruppe einer. Auf dem Zettel stehen so viele Vokabeln, wie die Gruppe Mitglieder hat. Jeweils die ersten ‚Läufer' der vier Gruppen gehen nach vorne und nennen die Bedeutung der ersten Vokabel. Sie gehen zurück und übergeben dem nächsten ihrer Mannschaft den ‚Staffelstab' (Bleistift). Jedes Mannschaftsmitglied darf nur eine Antwort aufschreiben. Vor Spielbeginn wird festgelegt, ob die Vokabeln in der vorgegebenen Reihenfolge übersetzt werden müssen oder ob jedes Mitglied sich eine der noch nicht übersetzten Wörter aussuchen kann.
Wenn der ‚Staffellauf' unter Zeitdruck durchgeführt wird, entsteht eine unerwünschte Hektik. Es ist deshalb günstiger, die Schnelligkeit nicht zu bewerten. Es wird lediglich eine Zeitgrenze genannt, die nicht überschritten werden darf. Die ‚Staffelläufe' können innerhalb eines bestimmten Zeitraumes, z. B. innerhalb von drei Wochen, an bestimmten Tagen wiederholt werden. Am Ende dieser Zeit wird dann der Punktestand der Gruppen festgestellt. Der Wunsch, der eigenen Gruppe zu Pluspunkten zu verhelfen, wird so zum Motor für das häusliche Vokabellernen.

2.2 Lernspiele für die Formenlehre

2.2.1 Einführung und Präsentation

a) **Szenische Veranschaulichung.** Zur Einführung der Personalendungen der 1. und 2. Pers. und der Imperative bringt der Lehrer ein Holz(Stoff-)tier mit und entwickelt folgende Szenen: ‚*Porto simiam*'. ‚*Portā simiam, Petre!*' (Er gibt den kleinen Holzaffen dem Schüler). ‚*Portas simiam*'. (Er sieht Peter an). ‚*Petrus simiam portat*'. (Er sieht die anderen Schüler an und zeigt auf Peter). ‚*Portamus simiam*'. (Peter und der Lehrer halten den kleinen Affen gemeinsam).

Die Handlungsabfolge wird wiederholt. Beim dann folgenden Durchgang agieren zwei Schüler, während der Lehrer die mündlich eingeführten neuen Formen an der Tafel mitschreibt. Der szenischen Veranschaulichung folgt nun die formale Erklärung und Festigung.
Die Anwesenheit des kleinen Affen im Unterricht verhilft auch dazu, die Einführung und den Gebrauch der Befehlsformen zu einer lustigen Angelegenheit zu machen: ,*Conside Gaī!*' (So wurde der Affe inzwischen von den Schülern getauft). Der Affe gehorcht. ,*Surge!*' (Er erhebt sich). ,*Saltā!*' – ,*Cantā!*' usw. Jede Aufforderung wird sofort in die Tat umgesetzt. Ein zweites Tier kriecht aus der Mappe des Lehrers hervor. ,*Considite!*' – ,*Surgite!*' usw. Nun werden Befehle an zwei Lebewesen gegeben.[39]

2.2.2 Übung und Festigung

a) **Formenkette.** Wir üben das Deklinieren, entweder mit Wörtern einer oder verschiedener Deklinationsklassen. Dementsprechend schreiben vor Beginn der Kettenbildung alle Schüler zwei selbstüberlegte Wörter auf ein Blatt Papier.
Dann beginnt Schüler A mit der Kette: ,*mensa*', sein Nachbar fährt fort ,*mensae*' usw. Der Nachbar des Schülers, der die Form des Abl.Pl. genannt hat, bringt nun eines seiner aufgeschriebenen Wörter ins Spiel, so daß die Kette ohne Unterbrechung weitergeht.
Nach demselben Prinzip können Konjugationsübungen durchgeführt werden. Der Reiz dieser Methode besteht darin, ein ,Reißen' der Kette möglichst lange zu vermeiden. Das regt zum Mitdenken und zur Konzentration an.

b) **Wechselgesang.** Unter diesem Namen treten zwei Schüler als ,Übungs-Duo' auf. Wir üben die Unterscheidung von Singular/Plural, von Endungen der i- und der konsonantischen Deklination, von Aktiv/Passiv, von Präsens Indikativ und Präsens Konjunktiv usw. Schüler A beginnt: ,*laudo*', sein Partner sagt ,*laudem*', Schüler A ,*laudas*', Schüler B ,*laudes*' usw. Das schnelle Hin und Her übt auf die Mitschüler eine Art Faszination aus. Der Lehrer braucht während des ,Wechselgesanges' keine neuen Impulse zu geben. Dieses Prinzip läßt sich vielfach variieren: Statt eines Duos treten zwei ,Chöre' (Gruppen) auf, der Lehrer zeigt jeweils auf Mitglieder der beiden ,Chöre', die nun antworten. Auf diese Weise sind alle gezwungen, immer mitzudenken.

---

39 Das beschriebene Vorgehen entspricht Prinzipien der ,Sprechmethode'. Vgl. Sattler, H.: Versuche mit der ,Sprechmethode' im lateinischen Anfangsunterricht. In: AU V 3 (1959), 62–91. Sedlak, W.: Situativer Sprachunterricht. In: AU XVI 2 (1973), 33–55.

c) **Formenschlacht.** Nicht so ‚friedlich' wie im ‚Wechselgesang' geht es bei folgender Übung zu, die den Schülern in der Regel viel Spaß macht. Es werden wieder zwei Gruppen gebildet (z. B. linke und rechte Hälfte der Tischreihen). Es soll die 1. Pers. Akt. Fut. I gebildet werden. Ein Schüler der Gruppe A nennt einen Infinitiv (z. B. *laudare*), die Gruppe B muß diese Form nun von *laudare* bilden. Der Schüler ruft ein Mitglied der Gruppe B auf, der antwortet: ‚*laudabo*'. Darauf nennt er einen Infinitiv (z. B. *sequi*) und ruft einen Schüler der Gruppe A auf. Dieser antwortet: ‚*sequem*'(!). Diese Antwort ist falsch, also bekommt Gruppe B einen Punkt. Es geht weiter.
Man kann zur Spielregel machen, daß dieser Punkt nur gegeben wird, wenn der Frager selbst erkennt, daß die Antwort falsch ist und die richtige Form nennen kann.
Um zu verhindern, daß immer der schwächste Schüler der Gegenpartei aufgerufen wird, kann zur Bedingung gemacht werden, daß niemand zum zweitenmal in einer Spielrunde aufgerufen werden darf.
Die Aufgabenstellungen lassen sich beliebig verändern: Es werden Formen genannt (z. B. *laudares*), die die andere Gruppe übersetzen muß; es muß der Genitiv Plural gebildet werden usw.

d) **Allein gegen alle.** Diesmal wird ein einzelner Schüler zum Herausforderer der ganzen Klasse. Er allein antwortet auf Fragen aller, die in der Art der Aufgaben der ‚Formenschlacht' gestellt werden. Die Zahl seiner richtigen Antworten wird festgehalten. Sein Platz darf von dem Schüler eingenommen werden, dessen Frage er falsch beantwortet hatte. Nun werden die richtigen Antworten des neuen Kandidaten gezählt.

e) **Bandwürmer.** Der Lehrer schreibt das Verb *purgare* an die Tafel. Es folgt die erste Aufforderung: Bildet die 1. Pers. Präs. Akt. Ind.! *(purgo)* – 2. Pers. *(purgas)* – Plural *(purgatis)* – Perfekt *(purgavistis)* – 3. Pers. *(purgaverunt)* – Passiv *(purgati sunt)* usw. Es wird immer nur e i n Merkmal geändert, und der ‚Bandwurm' wächst und wächst. Wie bei einer ‚Formenkette' (2.2.2 a) reizt der Ehrgeiz, einen möglichst langen ‚Bandwurm' entstehen zu lassen.
Der ‚Bandwurm' kann sich auch ‚unsichtbar' fortsetzen. Nach der dargestellten Methode erfolgen die Anweisungen, aber die Ergebnisse werden nicht gleich verglichen. Nach einer gewissen Zeit unterbricht der Lehrer, und jeder kann nun kontrollieren, ob sein ‚Bandwurm' tatsächlich noch stimmt. Diese Übung kann mündlich und schriftlich durchgeführt werden.
Wenn das Prinzip dieser Methode allen vertraut ist, kann die Aufgabenstellung geändert werden. Es werden zwei Formen vorgegeben, z. B. *purges* und *purgati sumus*. Die Schüler sollen nun einen möglichst kurzen ‚Bandwurm' bilden, dessen Anfang ‚*purges*' und dessen Ende ‚*purgati sumus*' ist *(purgas – purgo – purgamus – purgavimus – purgati sumus)*.

f) **Domino.** Nach dem Muster des bekannten Gesellschaftsspieles können Übungen zur Deklination und Konjugation durchgeführt werden. Hierfür ist Spielmaterial notwendig, das aber mit Hilfe der Schüler leicht angefertigt werden kann und dann mehreren Schülerjahrgängen zugute kommt.
Der Lehrer stellt eine Reihe von ‚Domino-Steinen' in folgender Art zusammen und vervielfältigt sie:

vestrum	rerum
magnarum	pueri (Sg)
laeti (Sg)	lupo
malo	laborum
tuorum	arbori
altae (Dat)	honores (N)
magni (Pl)	silvae (G)
pulchrae (G)	fora
Romana	carminibus
nostris	rei
iucundae	nomen

zum Tragen	differre
aufschieben	fertur
man berichtet	ferte
tragt	fers
du trägst	ferri
getragen werden	feruntur
sie werden getragen	fertis
ihr tragt	obtulimus
wir haben angeboten	sublatum
aufgehoben	ferris
du wirst getragen	ad ferendum

Die Schüler kleben die Listen auf Pappe, schneiden die einzelnen Steine dann aus, sammeln jeweils einen Satz von ‚Domino-Steinen' (in diesem Fall also elf), beschriften den Umschlag und geben diesen an den Lehrer zurück.
Bei nächster Gelegenheit dürfen die Schüler mit den ‚Domino-Steinen' spielen. Anschließend wandern die Briefumschläge in das Spielarchiv des Lehrers zurück.
In einer Spielphase bekommen jeweils zwei Schüler einen Satz ‚Domino-Steine'. Man kann nun so vorgehen, daß beide Schüler gemeinsam die passenden Steine aneinanderfügen. Spaß macht es auch, wenn jeder fünf Steine bekommt und dann versuchen muß, seine Steine möglichst als erster loszuwerden.
Wichtig ist, daß nach Beendigung des Spieles die Reihe mehrmals vorgelesen, eventuell übersetzt und das Spiel vielleicht mit geänderten Spielregeln wiederholt wird. Bei der Wiederholung werden die Steine nun rechts angelegt statt links wie beim ersten Durchgang. Nur die wiederholte Beschäftigung mit dem Spielmaterial führt zum erwünschten Übungseffekt.

g) **Kartenspiel zur Bestimmung von Deklinationsformen.** Ein von JÜRGEN STEINHILBER entwickeltes Kartenspiel beruht auf dem Prinzip des Stechens.[40] Jede Spielkarte enthält einen kurzen lateinischen Satz. Der Wert der Spielkarte ergibt sich aus dem Kasus eines bestimmten Substantivs, das in diesem Satz vorkommt. Einem Nominativ entspricht der Wert ‚1', einem Ablativ der Wert ‚5'. Auch dieses Kartenspiel wird in Kleingruppen gespielt. Sein Ziel ist es, Kasusbestimmungen im Spielvollzug zu üben.[41]

h) **Verben-Quartett.** Ein sehr anregendes Lernspiel bietet der Schroedel Verlag an.[42] Das ‚Lateinische Verben-Quartett I' besteht aus 40 Einzelquartetten, das Einzelquartett aus vier Verben (z. B. *laudare, monere, audire, emere*).
Es wird nach den bekannten Quartettregeln gespielt: Schüler A möchte die Karte *laudare* und fragt einen Mitspieler nach dieser Karte. Bevor dieser jedoch die Karte herausrückt, muß der Frager im vorliegenden Quartett die Formen des Konjunktiv Präsens Aktiv von *laudare* aufsagen. In einem anderen Quartett wird z. B. das Futur I Passiv verlangt. Nennt der Frager eine falsche Form, dann darf der Gefragte weitermachen. Gewonnen hat, wer am Spielende die meisten Quartette hat.

---

40 STEINHILBER, J.: Kartenspiel Latein zur Bestimmung von Deklinationsformen. Nach der Valeurmethode von TINGBO, A. – Frankfurt 1981.
41 Die Spielregeln werden genauer erklärt von STEINHILBER, a.O. (s. Anm. 30), 77–79.
42 VON BARSEWISCH, L.: Lateinisches Verben-Quartett I. Zeiten und Formen des Verbs. – Schroedel-Verlag, Hannover.

3/1 Konjunktiv Präsens Aktiv

1. **laudare** loben
2. monere
3. audire
4. emere

---

laudem
laudes
laudet
laudemus
laudetis
laudent

3/2 Konjunktiv Präsens Aktiv

1. laudare
2. **monere** mahnen
3. audire
4. emere

---

moneam
moneas
moneat
moneamus
moneatis
moneant

3/3 Konjunktiv Präsens Aktiv

1. laudare
2. monere
3. **audire** hören
4. emere

---

audiam
audias
audiat
audiamus
audiatis
audiant

3/4 Konjunktiv Präsens Aktiv

1. laudare
2. monere
3. audire
4. **emĕre** kaufen

---

emam
emas
emat
emamus
ematis
emant

Es ist günstig, Spielgruppen von drei bis fünf Mitgliedern zu bilden. Für jeden Spieler werden etwa zwei bis drei, für eine Vierer-Gruppe also etwa 12 Quartette verteilt. Wenn man die ganze Klasse Karten spielen lassen möchte, benötigt man deshalb mindestens zwei vollständige Quartett-Spiele. Dabei kann man auch auf das Lateinische Verben-Quartett II aus demselben Verlag zurückgreifen.[43]

Das Verben-Quartett II besteht jeweils aus vier Stammformen (z. B. *parcere, tangere, fallere, poscere*), das ganze Spiel aus 41 Quartetten. Bevor die erfragte Karte ausgehändigt wird, muß der Frager die Stammform aufsagen. Wer die Karte *tangere* will, muß also die Stammreihe *tango, tangis, tetigi, tactum* kennen. Der augenblickliche Besitzer kann mit Hilfe der Karte die Richtigkeit der Stammform kontrollieren:

12/2

1. parcere
2. **tangĕre** berühren
3. fallere
4. poscere

---

tango

tangis

tétigi

tactum

Eine Quartett-Runde dauert vielleicht 15 Minuten. Anschließend können die Gruppen ihre Quartette untereinander austauschen, so daß in der zweiten Runde die Art der Schlüsselaufgabe sich ändert.

2.3 Lernspiele für die Syntax

2.3.1 Einführung

a) **Szenische Veranschaulichung.** Die unterschiedliche Perspektive der aktivischen und passivischen Redeform soll besprochen werden. Zwei Schüler werden aufgefordert, nach vorne zu kommen. Schüler A soll nun wegrennen, Schüler B soll ihn fangen. Nachdem die Klasse dem Rennen eine Zeitlang zugesehen hat, wird der Vorgang durch zwei verschiedene Formulierungen wiedergegeben: „*Petrus Marcum capit*“ oder „*Marcus a Petro capitur*“. Die

43 von Barsewisch, L.: Lateinisches Verben-Quartett II. Stammformen. – Schroedel-Verlag, Hannover.

anschließende Sprachbetrachtung wird durch die Frage eingeleitet: „Beschreiben die Sätze das gleiche oder zwei verschiedene Ereignisse?“ Das vorausgegangene kurze Fangspiel (oder andere Handlungen) liefern die Anschauung für die Reflexion.

b) **Epische Veranschaulichung.** Der Ablativ und seine Funktionen werden behandelt. Der Lehrer erzählt wieder (vgl. 2.1.1 c) ein Abenteuer von Tom Sawyer (oder von einem anderen ‚Helden‘): In diese Erzählung baut der Lehrer adverbiale Bestimmungen ein, die bei einer Übersetzung in das Latein im Ablativ stehen müßten.

„Tom hatte eines Tages die Nase voll. Er faßte den Entschluß, *von* dem Hause seiner Tante Polly wegzulaufen. *Mit* seinen Freunden Joe und Huck überquerte er *auf* einem Holzfloß den Mississippi. Drei Tage lang faulenzten sie, sahen den Dampfern nach, schliefen im Freien. Aber als Tom *am* vierten Tag aufwachte, ...“

Im Anschluß an die kleine Erzählung werden die Schüler aufgefordert, die hervorgehobenen Satzteile zu erfragen: Von wo lief Tom weg? Womit überquerten sie den Fluß? Nun sind die Grundlagen für die anschauliche Erklärung einiger Ablativfunktionen gelegt.

2.3.2 Übung und Festigung

a) **Geheimcode.** In dieser spielerischen Übung geht es um die Analyse von Sätzen und um die Benennung der Satzteile. Ihr liegt das System der Symbole zugrunde, das in der Begleitgrammatik zu IANUA NOVA[44] eingeführt und erklärt wird. Den Satzteilen werden folgende Symbole zugeordnet:

1 Prädikat (finite Form) Grundform: P; K
~ ~

„Schlangenpfeil“ gibt die Richtung der Handlung an

2 Subjekt

3 Objekt

4 Adverbiale Bestimmung

5 Attributive u. prädikative Erweiterungen zu 1 bis 4

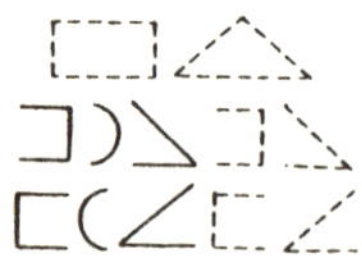

44 Seebass, R. u. a.: Begleitgrammatik zu Ianua Nova, Ausgabe A und B, zu Teil I und II. – Göttingen 1978[8], Umschlagseite.

Man kann Satzteile selbstverständlich auch durch andere Zeichen abbilden. Zeichen dieser Art werden nun Geheimcode genannt.

Der Lehrer oder bastelfreudige Schüler fertigen aus buntem Plakatkarton große Geheimcode-Zeichen an, die durch ‚Hafties' an der Tafel festgeklebt und wieder abgenommen werden können. Der Gesamtvorrat an Zeichen wird in einer Schachtel aufbewahrt.

Folgender Satz wird z. B. an die Tafel geschrieben:

Pueri puellas pulchras vocant.

Nun soll der Satz ‚verschlüsselt' werden. Ein Schüler darf nach vorne kommen, aus der Vorratsschachtel die passenden Zeichen auswählen und sie unter die Wörter kleben:

Pueri puellas pulchras vocant.

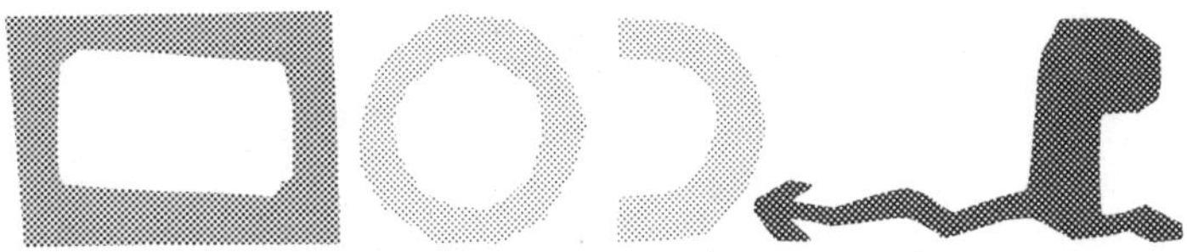

Anschließend sollen die Schüler vorgegebene Zeichenfolgen ‚entschlüsseln'. Den Zeichen sollen also sinnvolle Wörter und passende Endungen zugeordnet werden. Das Wortmaterial wird vorgegeben, es ist für Satz (1) und (2) identisch: *bonus, a, um; Marcus; narrare; fabula.*

(1) ....

(2) .... [45]

45 Satz (1) lautet: *Marcus bonus fabulam narrat.*
Satz (2) lautet: *Marcus fabulam bonam narrat.*

b) **Satz-Schaltbrett.** Den Schülern werden Sammlungen von Satzhälften vorgegeben. Jeweils ein Teilsatz aus der rechten Rubrik (Buchstabe a–e) bildet eine sinnvolle Ergänzung zu einer der linken Satzhälften (Nummer 1–5):

1. Olim reges boni	a) regem malum!
2. Vox populi	b) malus et severus fuit.
3. Romani a Bruto	c) summa lex fuit.
4. Superate et pellite	d) moniti sunt.
5. Tarquinius, ultimus rex,	e) populo Romano imperaverunt.

1	2	3	4	5
□	□	□	□	□

In die bezifferten Kästchen wird der dazugehörige Buchstabe eingetragen.[46] Der motivierende Reiz dieser Zuordnungsaufgabe besteht wie bei Rätseln darin, daß am Ende alles ‚aufgehen' muß. Die Zusammenstellung eines solchen ‚Schaltbrettes' geht schnell, wenn man auf Übungssätze des Lehrbuches zurückgreift und das Zerlegen und Vermischen der Satzhälften einige Male praktiziert hat.[47]

c) **Satz-Puzzle.** Schüler erhalten kleine ‚Wort-Bausteine', die so in eine Reihenfolge gebracht werden müssen, daß ein sinnvoller Satz entsteht. Für diese Übung ist wie beim Domino-Spiel (vgl. 2.2.1 f) Spielmaterial nötig, das leicht hergestellt werden kann.
Die ‚Bausteine' werden aus Vorlagen ausgeschnitten und in Briefumschlägen aufbewahrt. Beim Ausbreiten vor Spielbeginn vermischen sich die ‚Bausteine' von alleine.

amici	arbores	altas	ascendunt	et
per	silvas	et	campos	currunt

Das Puzzle kann vergrößert werden, indem man ‚Bausteine' für mehrere Sätze zur Verfügung stellt, die aber in einzelnen Umschlägen getrennt aufbewahrt werden müssen. Wenn alle Einzelsätze ‚zusammengebaut' worden sind, müssen sie in eine logische Reihenfolge gebracht werden.
Diese Variante des Satz-Puzzles eignet sich gut für Kleingruppen: Jedes Gruppenmitglied bearbeitet zuerst seinen Satz, dann werden die Einzelsätze in der Gruppe übersetzt, und anschließend wird über die Reihenfolge der Sätze diskutiert.

---

46 Diese Aufgabe wurde angeregt durch eine entsprechende Übung aus Benedicter, K./ Fink, G.: Arbeitsheft Latein I zu CURSUS NOVUS I. – Bamberg/München 1983, 18, Übung 23, 3.

47 Die oben abgedruckten Sätze stammen aus IANUA NOVA I, Ausgabe A. – Göttingen 1978[8], 31.

d) **Satzlawine.** Jemand schreibt ein lateinisches Wort an die Tafel, z. B. *vult.* Ein anderer Schüler fügt ein Wort hinzu, z. B. *capere,* ein dritter ergänzt *Paulus,* so daß jetzt an der Tafel steht: *Paulus capere vult.* Es können nun immer mehr Wörter hinzugefügt werden, aber jedes Wort muß in den Satzzusammenhang hineinpassen. Es folgen die Wörter *hodie, equos, cum, servis, bonis* usw.

Wer ein Wort mit der richtigen Endung hinzugefügt hat, übersetzt den Satz, so weit er bis zu diesem Augenblick angewachsen ist.

e) **Satzrommé.** Nach dem Muster des bekannten Kartenspiels hat HARTMUT VON HENTIG folgendes Spiel entwickelt.[48] Jede Karte enthält ein Wort mit einer bestimmten Endung.

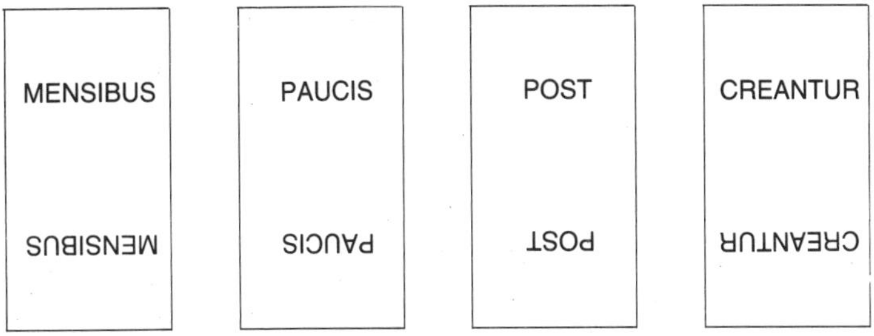

Man spielt in einer Gruppe von drei bis vier Schülern. Bei sechs Spielern ist es sinnvoll, etwa 100 Karten zur Verfügung zu haben (oder auch weniger). 30 dieser Karten enthalten Verbformen, 40 etwa Nominalformen, 30 etwa Adverbien und Partikel.

Jeder Mitspieler erhält am Anfang sechs Karten, die anderen Karten liegen auf einem Stapel. Es besteht nun die Aufgabe, möglichst schnell seine Karten zu einem sinnvollen und richtigen Satz zusammenzufügen und dann die Karten abzulegen, wie im richtigen Rommé. Wer nicht herauslegen kann oder will, nimmt eine neue Karte vom Stapel und legt gleichzeitig eine Karte ab, diejenige, die nicht in seinen Satz paßt. Adverbien kann man immer anlegen; sie sind deshalb besonders beliebte Karten. In unteren Klassen empfiehlt es sich, in kleineren Gruppen und mit weniger Karten zu spielen. Auf diese Weise kann jeder Mitspieler leichter den Überblick bewahren.

Die Spielkarten müssen selbst angefertigt werden. Man geht dabei folgendermaßen vor: Man zeichnet auf eine Matrize die Umrisse originaler Spielkarten. Nun können leere Karten in beliebig großer Zahl vervielfältigt werden. Der Lehrer stellt eine Reihe von kürzeren Sätzen zusammen, so daß etwa 90 Wörter auf die Karten verteilt werden können. Die Blätter mit den beschrifteten

48 Vgl. VON HENTIG, H., a.O. (s. Anm. 28), 498f.

Spielkarten werden nun auf bunten Plakatkarton aufgeklebt und dann ausgeschnitten. Unter Mithilfe von Schülern ist das Spielmaterial schnell erstellt, und viele Gruppen und Klassen können nun ihr Glück beim Zusammenstellen von Sätzen erproben.

2.3.3 Anwendung und Transfer

a) **Rollenspiel.** Die anspruchsvollste Methode des Umgangs mit den Formen und syntaktischen Regeln der neuen Sprache ist ihr aktiver Gebrauch. In begeisterungsfähigen Klassen werden gelegentlich die ‚Bausteine' (Wörter, Formen, Sätze) und auch die Inhalte, für die die ‚Bausteine' benötigt werden, selbst hervorgebracht. Die Schüler übernehmen in einer vorgestellten Situation eine Rolle und schreiben dafür kurze lateinische Sätze.
Die Anstöße dazu können aus den Lesestücken der Lehrbücher kommen. So wird z. B. in ROMA I (Lektion 9) und in IANUA NOVA (Lektion 6) von dem Besuch einer Zirkusvorstellung erzählt. Die Besucher beobachten einen Affen, der einen von Kamelen gezogenen Wagen lenkt. Es ergibt sich die Frage: Was könnten die beiden im Zirkus noch sehen? Der Lehrer denkt sich eine kleine Szene aus; das spornt die Schüler an; auch sie entwickeln Ideen. Diese Spielideen werden nun für ein römisches Publikum aufgeschrieben. Zu Hause werden die ersten Entwürfe angefertigt, alleine oder in Gruppen. Der Lehrer sieht die Entwürfe durch, nennt fehlende Vokabeln, berät, korrigiert.
Bei einer solchen Gelegenheit haben Quartaner im dritten Monat nach Beginn des Lateinunterrichts folgende einfache, aber originelle kleine Geschichte verfaßt:

Personae: Marcus, Lucius, Martinus } canes
Narrator

Martinus caedere vult

Martinus: Salve, Marce! Lucium caedere volo!
Ubi Lucius est?
Marcus: Es malus!

Marcus: Luci! Veni! Martinus te caedere vult!
Lucius: Martinus valde malus est!
Marcus: Curre in villam! Martinus venit.

Marcus: Salve, Martine! Lucius post arbores est.
Audi! Lucius in silvam currit.

(Nunc etiam Martinus in silvam currit.)

Marcus: Ha, veni, Luci! Martinus in silvam currit!

Narrator: Nunc venator Martinum caedit.
Marcus et Lucius laeti sunt.

Ein anderes Beispiel dafür, wie ein Lesestück zu schöpferischen Leistungen anregen kann, ist die Lektüre der ‚Menaechmi' von Plautus.[49] Nachdem das Schema der Verwechslungsmöglichkeiten bekannt ist, werden die Schüler aufgefordert, sich selbst eine Verwechslungsszene, einen Schluß der Komödie oder das Auftreten zusätzlicher Personen auszudenken. Anschließend wird versucht, die Idee mit einfachsten sprachlichen Mitteln auszudrücken. Die Dialoge und kleinen Szenen können später dann tatsächlich im Unterricht gespielt und dargestellt werden (vgl. 2.4.3 a).
Zahlreiche Beispiele für Rollenspiele, für die die Schüler selbst Texte schreiben, nennt HERBERT RAUSCHER. Er erzählt von der Rückkehr des Odysseus nach Ithaka; seine Knechte bestürmen ihn mit Fragen. Die Schüler übernehmen nun die Rolle der Knechte und formulieren Fragen.[50] In einer anderen Stunde besuchen die Schüler einen Sklavenmarkt und beschreiben die armen Angepriesenen (ablativus qualitatis).[51] Zur Einübung der Komposita von *esse* entwirft RAUSCHER folgende Situation:

„Wir leben in Griechenland auf einer kleinen Insel. Die Bewohner des Fischerdorfes sind sehr arm. Die Männer üben ihren schweren Beruf draußen auf dem Meere aus, sie sind oft wochenlang der Heimat fern. Heute aber ist ein Festtag: die Fischer kommen zurück! Alles Volk drängt sich am Hafen ... Zwei Fremde sind auch da; es sind Reporter einer Rundfunkanstalt, die eben einen Stimmungsbericht auf ihre Tonbänder sprechen."[52]

Der Lehrer schreibt schon vorher Komposita von *esse* an die Tafel, vielleicht auch andere, die Phantasie anregende Vokabeln, die die Schüler in ihrer ‚Reportage' verwenden können.

49 Vgl. CURSUS NOVUS I, 27ff.
50 RAUSCHER, a.O. (s. Anm. 27).
51 RAUSCHER, a.O. (s. Anm. 27), 36.
52 RAUSCHER, a.O. (s. Anm. 27), 83.

2.4 Lernspiele für das Lesen und Sprechen

2.4.1 Erarbeitung

Fehlerlesen. Der Lehrer liest einen Text aus dem Lehrbuch vor. Jeder Satz wird einzeln von einem Schüler wiederholt, die Fehler werden besprochen und korrigiert. Dann wird das Stück im Zusammenhang gelesen. Diesmal darf ein Schüler so lange lesen, bis er einen Fehler macht. Wer von den Mitschülern den Fehler entdeckt, darf weiterlesen.

2.4.2 Übung und Vertiefung

a) **Lesespiel.** Viele Lehrbücher bieten schon früh Lesestücke an, die aus Dialogen bestehen (IANUA NOVA ab Lektion VI, CURSUS NOVUS I ab Text 4). Das Lesen in verteilten Rollen bietet erste Gelegenheiten, eine dargestellte Situation nachzuspielen. Im Sprechen werden die Stimmungen und Eigenschaften von Personen ausgedrückt. Besonders geeignet sind dafür Lesestücke, die die Charakterisierung eines bestimmten Menschentyps zum Inhalt haben, z. B. den Angeber (CURSUS NOVUS I, Text 63–65, 45f., die Abergläubische (CURSUS NOVUS I, Text 66, 46).[53]

b) **Hörbild.** Technisch aufwendiger wird das gestaltende Lesen durch den Einsatz eines Tonbandes oder einer Kassette. Die Dialoge werden aufgenommen und anschließend zur Unterhaltung aller vorgespielt. Von technisch besonders interessierten Schülern können außerhalb des Unterrichts Hintergrundgeräusche produziert und gesammelt werden. Wenn z. B. ein Hörbild von dem Triumphzug des Scipio angefertigt wird (CURSUS NOVUS I, Text 30, 25), können Pferdegetrampel, Trompetenstöße, Trommelgeräusche usw. eingespielt werden.

c) **Großer Lesewettbewerb.** In längeren Abständen wird ein großer Lesewettbewerb veranstaltet. Besonders ansprechende Texte werden zum Wettbewerbstext erklärt. Das Lesen wird im Unterricht vorbereitet. Die Schüler versehen den Text mit Lesehilfen. Hauptbeurteilungskriterien sind Lesesicherheit, die Berücksichtigung von Längen und Kürzen und die Einhaltung von Sinnpausen. Ein ‚Preis' wird ausgeschrieben (Kunstpostkarten, Bastelbogen usw.).

---

53 Die Autoren von CURSUS LATINUS und CURSUS NOVUS haben das Nachspielen von Texten zu einem Bestandteil ihrer Lehrbuchkonzeption gemacht: „Die meisten Darbietungsstücke des CURSUS LATINUS sind so angelegt, daß sie ohne umfangreiche Veränderungen sich für anspruchsloses Schulspiel eignen" (Fink, G.: CURSUS LATINUS. Methodisches Beiheft I. – Bamberg/München 1972, 20).

Am Wettbewerbstag werden drei Teilnehmer ausgewählt. Die ganze Klasse ist Mitglied der Jury.
Der Austragungsmodus kann auch geändert werden: Alle Interessenten sprechen den Text zu Hause auf Kassette. Das Abhören der Kassetten macht Spaß und erlaubt eine genaue Beurteilung.

2.4.3 Anwendung und Transfer

a) **Puppenspiel.** Das Puppenspiel ist ein Zwischenschritt zwischen dem gestaltenden Lesen und dem freien Sprechen im Rollenspiel. „Der Mensch, der mit der Puppe spielt, identifiziert sich zwar weitgehend mit ihr, tritt aber selbst nicht in Erscheinung. Er spielt eigentlich nicht mit der Puppe, sondern durch die Puppe."[54] Zu dem Sprechen kommt jetzt noch die Bewegung hinzu, die Bewegung, die man der ‚Puppe' gibt.
In einer Quarta waren es einmal die Zirkustiere, die auftreten durften. Selbstverfaßte kleine Szenen (vgl. 2.3.3 a) wurden vor der Klasse aufgeführt. Der hohe zeitliche Aufwand, der mit der Inszenierung verbunden ist, wird diese Form des Spiels nicht häufig erlauben. Der Stolz der Schüler über ihr eigenes Produkt motiviert sie allerdings, einen Teil der Aufführungsvorbereitungen zu Hause vorzunehmen. Vor der Darbietung selbst muß der lateinische Text natürlich von der Klasse bereits übersetzt worden sein.
Ein Projekt dieser Art fördert den Prozeß der Identifikation mit der neuen Sprache. Darin liegt, neben den sprachlichen Übungen und der Freude an solchem ‚Zirkus', die einstellungspsychologische Bedeutung eines solchen Unternehmens.

b) **Freies Rollenspiel.** Gelegentlich sollten wir die Schüler dazu bewegen, kleine Dialoge, selbstverfaßte oder im Buch abgedruckte, auswendig zu lernen. Nun kann der Streit zwischen Menaechmus-Sosicles und der Gattin seines Zwillingsbruders noch eindrucksvoller nachgespielt werden![55]
Bei solchen Rollenspielen sollte auf alle aufwendigen Kostüme, Kulissen und Requisiten verzichtet werden. Dieses unterrichtsinterne darstellende Spiel soll nicht zum Theater werden. Die Vorbereitung und Vorführung eines wirklichen lateinischen Theaterstückes vor einem Publikum stellt Lehrer und Schüler vor weitergehende Aufgaben, die an dieser Stelle nicht besprochen werden sollen.

---

54 Amtmann, P.: Das Schulspiel. – München 1968, 99.
55 Vgl. CURSUS NOVUS I, Text 36, 29.

2.5 Lernspiele für das Interpretieren

Für die Methodik des unterrichtlichen Interpretierens bietet das darstellende Spiel mit all seinen Teilaufgaben eine Reihe produktiver Anregungen. Unter dem darstellenden Spiel soll verstanden werden, was herkömmlich auch Bühnen- oder Theaterspiel genannt wird. Allen folgenden Interpretationsansätzen liegt die Vorstellung zugrunde, daß eine Darstellung der übersetzten Texte geplant wird.

2.5.1 Erarbeitung

a) **Wir führen Regie.** Der Regisseur berät und führt die Schauspieler. Er gibt ihnen Hinweise, wie sie ihre Rollen sprechen sollen. Worauf achtet z. B. der Regisseur, wenn das ‚Rededuell im römischen Senat'[56] zwischen Scipio und Cato als Hörbild (vgl. 2.4.2 b) aufgenommen werden soll? In welchem Ton spricht der eine, in welchem der andere? Welche Antithesen müssen beim Sprechen hervorgehoben werden? An welchen Stellen und warum macht Scipio in seiner Rede Pausen? Über die Frage nach der richtigen Regieführung machen sich die Schüler Motive der handelnden Personen, Absichten ihrer Aussagen und Bedingungen der Situation klar.

b) **Wir bereiten eine Theateraufführung vor.** In INSTRUMENTUM I wird nach Kap. 22 die Geschichte vom Tyrannen Dionysius und den beiden Freunden erzählt, von denen der eine mit seinem Leben für die Rückkehr seines verurteilten Freundes bürgt. Diese dramatischen Ereignisse sollen auf der Bühne dargestellt werden. Zur Vorbereitung dieser Aufführung erörtert die Klasse nach der Lektüre der Geschichte folgende Fragen:

- Welche Personen treten im Stück auf?
- An welchen Orten spielt das Stück? Wie oft gibt es also einen Szenenwechsel?
- An welchen Stellen der Erzählung treten Ereignisse ein, die im Leben der Hauptpersonen zu einer Wende führen?
- Welche Szene soll als Höhepunkt besonders effektvoll dargestellt werden?

Unter diesen und anderen dramaturgischen Fragen wird ein Stück erarbeitet und interpretiert.

56 Vgl. CURSUS NOVUS I, Text 24 u. 25, 22.

c) **Wir fertigen ein Bühnenbild an.** Die Abenteuer des Odysseus werden als Fernsehserie verfilmt. Heute geht es um die Kulissen für die grausame Begegnung des Odysseus mit dem Kyklopen. Welche Bauten und Requisiten müssen dem Zuschauer gezeigt werden? Ein großer Felsbrocken, ein Behälter mit Wein, ein Olivenstamm, eine Feuerstelle usw. Die Planung der Verfilmung regt die Vorstellungskraft an und zwingt dazu, sich die für die Handlungen wichtigen Bausteine bewußt zu machen.

2.5.2 Vertiefung

a) **Wir sind Schauspieler.** Wir haben die Geschichte vom Bauern und seinem Sohn gelesen, die mit einem Pferd auf dem Weg in die Stadt sind.[57] Wer von ihnen auch reitet oder zu Fuß geht, immer kommt ein Passant, der sie tadelt. Diese lustige, aber hintergründige Geschichte wird – auf Deutsch – spontan nachgespielt. Ein kräftiger Schüler ist das ‚Pferd'. Vater und Sohn reiten (Huckepack) auf dem ‚Pferd'. Die Passanten treten auf ... Dieses Schauspiel erzeugt Ausgelassenheit und Lachen. Nach diesen Aktionen werden ‚Vater' und ‚Sohn' befragt, wie sie sich gefühlt haben, nachdem sie es jedem Passanten recht machen wollten. Die Erfahrung der Schauspieler hilft, den tieferen Sinn der Geschichte zu erfassen.
In derselben improvisierenden Weise spielen wir den Versuch nach, den ein Bauer mit seinen vier streitenden Söhnen durchgeführt hat.[58] Der Lehrer hat Holzstäbchen mitgebracht. Ein Schüler erhält ein Stäbchen, das er leicht zerbricht. Dann soll er vier zusammengebundene Stäbchen zerbrechen ... usw. Das Nachspielen der einfachen Handlung im Klassenzimmer veranschaulicht den Inhalt des Lesestückes.

b) **Wir ergänzen das Drehbuch.** Es wird die Fabel von der Ameise und der Grille behandelt. In der Fabel selbst findet nur ein kurzer Wortwechsel zwischen der musisch begabten Grille und der fleißigen Ameise statt. Wir nehmen uns vor, die Fabel als kleines Theaterstück aufzuführen. Um die Aufführung zu verlängern, erfinden wir eine weitere Szene: Es kommt zu einem längeren Streitgespräch zwischen beiden Tieren, in dem die Grille die Ameise von ihrer Bitte zu überzeugen versucht und die Ameise ihr Nein ausführlich begründet. Zwei Schüler übernehmen die Rolle der Grille, bzw. der Ameise. In der selbständigen Fortführung des Fabeltextes identifizieren sich die Schüler mit verschiedenen Lebenseinstellungen und gewinnen dadurch ein vertieftes Verständnis für die Rolle des ‚Künstlers' und des ‚Arbeiters'.

---

57 Vgl. IANUA NOVA I, Lektion XX, 63.
58 Vgl. IANUA NOVA I, Lektion XVI, 50.

Das gleiche Verfahren wird bei der ‚Verfilmung' des Schicksals von Dädalus und Ikarus angewendet. Wir denken uns eine zusätzliche Szene aus, die es in der mythologischen Erzählung nicht gibt: In dem Augenblick, in dem Ikarus der Versuchung nachgibt, höher fliegen zu wollen, kommt es zu einem letzten Gespräch mit seinem Vater. „Warum folgst du meinen Anweisungen nicht?" fragt der Vater. Und Ikarus erklärt ihm, was ihn in die Höhe lockt!
Als ‚Drehbuchautor' hat der Schüler die Gelegenheit, die Freistellen der Erzählung mit eigener Phantasie zu füllen und seine Vorstellungen dann zur Diskussion zu stellen.
Rauscher beschreibt die Wirkung, die alle Aufgaben der Dramatisierung haben, vor allem auch die selbständige Weiterentwicklung der vorgegebenen Handlung:

„Solch ein Hineinversetzen in die Person der Handlung fördert das Verstehen wesentlich mehr als eine Besprechung. Selber schaffen zu können, ein neues Stück zu bauen, das Handeln der Personen begreiflich zu machen, das alles reizt den Schüler auch mehr als rein theoretische Erwägungen."[59]

2.5.3 Transfer

a) **Wir schreiben ein neues Stück.** Die Fabel von der Grille und der Ameise ist besprochen worden. Der Lehrer regt an, eine moderne ‚Fabel' mit demselben Thema zu schreiben, eine Geschichte aus der Welt der Schüler, die dasselbe Problem vor Augen führt.
Ich bleibe bei den oben bereits erwähnten Beispielen. Der Bauer wollte seinen Söhnen zur Einsicht verhelfen, daß Einigkeit stark macht (2.5.2 a). Diese Erfahrung soll durch eine Spielszene in einer Jugendsendung des Fernsehens den Zuschauern nahegebracht werden. Nun werden in der Klasse Ideen für eine Geschichte zu diesem Thema entwickelt.
Diese Art der Aufgaben stellt hohe Anforderungen an das Abstraktionsvermögen und den Einfallsreichtum von Schülern. Aber die mit dem Medium Film und Fernsehen vertrauten Schüler können sich leicht in die Rolle eines Fernsehredakteurs versetzen.
Oft bleibt es bei dem Gespräch über die Handlungsidee, gelegentlich wird eine Idee improvisierend vor der Klasse in einen Handlungsablauf umgesetzt, in ganz besonderen Situationen wird die Szene dann tatsächlich zu Papier gebracht.

---

59 Rauscher, a.O. (s. Anm. 27), 41.

2.6 Lernspiele für die Realienkunde

2.6.1 Präsentation

a) **Jugendbücher.** Zur Ergänzung und Vertiefung von Sachinformationen der Lesestücke können Jugendbücher zur Antike auch innerhalb des Unterrichts verwendet werden. Sie vermitteln in unterhaltsamer Weise Sachkenntnisse über antike Mythologie, römische Geschichte und römisches Leben. Gute Erfahrungen lassen sich z. B. mit einem Jugendroman von HENRY WINTERFELD machen.[60]

Der Roman handelt von einer Gruppe römischer Schüler, die im 1. Jh. n. Chr. an der Aufdeckung eines Verbrechens beteiligt sind und dabei in eine Reihe aufregender Erlebnisse verwickelt werden. Das Buch enthält zahlreiche mythologische, historische und städtebauliche Hinweise, die in Lesepausen erklärt werden können. Die Wegbeschreibungen der Jungen durch Rom können gelegentlich auf einer Stadtkarte mitverfolgt werden.

Die Schüler freuen sich an der spannenden Handlung und lernen gleichzeitig etwas über das Leben in der Antike. Natürlich wird man nicht oft Zeit zum Vorlesen haben. Zum Vorlesen bieten sich die letzten Minuten einer Unterrichtsstunde etwa am Samstag an, die Schlußphase der ungeliebten 6. Stunde an einem langen Vormittag oder eine Abschlußstunde vor den Ferien.[61]

2.6.2 Erarbeitung

a) **Wegsuche.** Dieses Planungsspiel regt dazu an, sich genauer mit einer Stadtkarte von Rom oder einer Geschichtskarte vom Römischen Reich zu beschäftigen.

Im Anschluß an die Lektüre der Abenteuer des Gaius und seiner Freunde (s. 2.6.1 a) bekommen die Schüler eine Karte des antiken Rom. Mit Hilfe dieser Karte sollen sie nun z. B. einen Fluchtweg suchen, auf dem Gaius vom Forum Boarium zum Kolosseum gelangen kann, ohne das für ihn gefährliche Forum Romanum betreten zu müssen.

Eine andere Planungsaufgabe könnte so lauten: Die Schüler sind römische Beamte, die für den Kaiser Hadrian eine Dienstreise nach Spanien und Gallien vorbereiten. Sie legen die Reiseroute fest, zählen die Provinzen und Städte auf, die ihr Kaiser besuchen sollte, und tragen weitere Informationen über die Reiseziele zusammen.

---

60 WINTERFELD, H.: Gaius geht ein Licht auf. – München 1969.

61 Zusammenstellungen von Jugendliteratur zur Antike findet man in: AU XVII 1 (1974), 88–91 und AU XXII 5 (1979), 97–99.

b) **Stadt-Rallye.** Dieses in der Vorbereitung aufwendige Spiel dient der aktiven Erkundung römischer Spuren und lateinischer Inschriften im eigenen Heimatort oder unterwegs. In den süd- und westdeutschen Regionen und Städten gibt es wohl immer etwas zu entdecken, nicht nur in Köln oder Trier. Eine Stadt-Rallye in Köln wurde von HEIDE HUBER vorgestellt.[62] Für dieses Stadtspiel hat eine Schülergruppe außerhalb des Unterrichts zahlreiche Zeichnungen und Skizzen vorbereitet.

Nach dem Muster einer Rallye, bei der man verschiedene Stationen anlaufen und an Ort und Stelle bestimmte Aufgaben lösen muß, wurde z. B. auf einer Studienstufenfahrt nach Rom der Besuch des Forums von Schülern vorbereitet. Alle Fragen und Materialien wurden zu Hause angefertigt. Am Besuchstag gingen die Rallye-Leiter eine Stunde vor der Gesamtgruppe zum Forum und versteckten an vorher genau überlegten Punkten die Aufgabenmitteilungen für die einzelnen Gruppen. Die Inschrift des Titusbogens mußte abgeschrieben und übersetzt werden, den Stil der Kapitelle des Castor- und-Pollux-Tempels sollte man bestimmen, ein Abstieg zum Lapis Niger wurde gefordert usw. Die gezielte aktive Erkundung herausragender Objekte wurde zu einer vergnüglichen Abwechslung nach den vorausgegangenen Besichtigungsritualen mit Schülerreferat und ‚wichtigen' Ergänzungen durch den Lehrer.

c) **Museumsspiel.** Jeder hat schon erfahren, wie schnell das Interesse von Schülern in Museen an den Ausstellungsgegenständen erlahmt. Die Fülle der Exponate ist oft erdrückend. Durch ein Entdeckungsspiel erleichtern wir es den Schülern, sich auf Einzelobjekte zu konzentrieren. Die Klasse teilt sich in kleine Grüppchen von zwei bis drei Personen. Jede Gruppe bekommt nun einen Erkundungsbogen in der folgenden Art (hier ist nur ein Ausschnitt aus einem Gesamtbogen für das Landesmuseum Trier abgedruckt):

3. Im Leda-Mosaik wird die sog. ‚Drillingsgeburt der Helena und der Dioskuren' dargestellt.
   Entnimm der Darstellung die Namen der Dioskuren: ________________

   ____

4. Nicht weit davon findest Du ein Mosaik des griechischen Philosophen Anaximander. Er gilt als Erfinder der ________________
5. Auf Grabmälern der Römer siehst Du öfters die Abkürzung D · M. Im Raum 29 findest Du ein Grabmal, auf dem diese Worte ausgeschrieben sind. Wie lauten sie?

   ____

6. Erschließe aus den Ausstellungsstücken des Raumes 30, was eine Herme ist.

   ____

62 HUBER, H.: Stadt-Spiel ohne Zeiten. In: AU XXII 5 (1979), 84–96.

Am Ende des Museumsbesuches ruht sich die Klasse an einem bequemen Ort aus, und dabei werden die Ergebnisse verglichen. Je nach Klassenstufe und nach Anlaß des Museumsbesuches kann der am besten ausgefüllte Erkundungsbogen auch prämiert werden, mit einer Postkarte aus diesem Museum oder einem anderen kleinen Erinnerungsstück an diesen Museumsbesuch. Besonders motivierend sind Bilder von Exponaten, die nun an ihrem Ort im Museum gefunden und beobachtet werden müssen. Für die Vatikanischen Museen bekamen die Schüler unter anderem folgende Bilderserie, die einzelne Objekte aus der Masse des Sehenswerten hervorgehoben haben:

Antike Statuen in den Vatikanischen Museen

Thema:
Künstler:
Fundgeschichte:
Bedeutung:

Dargestellte Person:
Wer ist das?
Entstehungszeit:

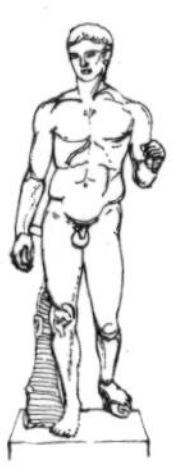

Thema:
Künstler:
Zeit:
Bedeutung:

Thema:
Künstler:
Zeit:
Bedeutung:

Thema:
Künstler:
Zeit:
Woran als römische Kopie erkennbar?

d) **Würfelspiel.** Auch Würfelspiele, bei denen auf Feldern möglichst schnell zu einem Ziel vorgerückt werden muß, können zu einer unterhaltsamen Beschäftigung mit der Welt der Antike werden. Das hier stark verkleinert abgedruckte Spielfeld wurde von Freya Stephan-Kühn entworfen.[63]

Das Spiel hat den Namen ‚Aeneis‘, weil die Spieler die Fahrtenroute des Aeneas zurücklegen müssen. Unterwegs erwarten den Spieler auf den einzelnen Feldern, zu denen er entsprechend der gewürfelten Zahl vorrückt, Aufgaben, die seine Reise beschleunigen oder verzögern. Auf Feld 39 erfährt Aeneas, bzw. der Spieler, daß Anchises stirbt. Die Trojaner begraben und betrauern ihn. Deshalb muß der Spieler einmal aussetzen. Aber auf Feld 56 erscheint Anchises seinem Sohn im Traum und mahnt ihn, schnell aufzubrechen: Der Spieler darf gleich noch einmal würfeln!
Man benötigt Spielsteine und einen Würfel. Es können etwa sechs Schüler am Spiel teilnehmen. Soll das Würfelspiel im Unterricht gespielt werden, muß man sich eine ausreichende Zahl von Spielplänen von Kollegen ausleihen oder die Klasse mit verschiedenen Spielen beschäftigen. Während die einen mit Aeneas nach Italien reisen, spielen die anderen Quartett. Später wird gewechselt.
Nach dem beschriebenen Muster können Spiele auch selbst ausgedacht und angefertigt werden. Die Irrfahrten des Odysseus, die Taten des Herkules oder die Abenteuer des Jason können auf diese Weise nachgespielt werden.
Steinhilber hat die Regeln eines solchen Würfelspiels für andere didaktische Absichten fruchtbar gemacht. In seinem ‚Alea‘ genannten Spiel müssen auf den bezifferten Spielfeldern einer Wegstrecke lexikalische oder grammatische Aufgaben gelöst werden.[64]

2.6.3 Anwendung

a) **Basteln.** Ein Bereich römischen Lebens fasziniert Schüler immer wieder: die Architektur und der Komfort römischer Häuser. Bei der Behandlung dieses Themas kann der gut durchdachte Modellbogen eines Römerhauses in Augusta Raurica des Lehrervereins Zürich herangezogen werden.[65] Mit diesem Bogen können Schüler selbst ein typisches Römerhaus basteln. Dabei lernen sie die Bauform gründlich kennen. Am plastischen Modell kann dann die Verteilung der Räume und ihre Nutzung genau erklärt werden.

63 Stephan-Kühn, F.: Aeneis oder „Die Würfel sollen fallen“. In: Stephan-Kühn, F.: Viel Spaß mit den Römern! Spiel- und Lesebuch zur römischen Geschichte. – Würzburg 1982, 10–13. Dem Buch liegt ein großformatiges, gefaltetes Spielblatt bei. Die Angaben zu den Einzelfeldern sind im Buch abgedruckt.

64 Vgl. Steinhilber, J.: ‚Alea‘ – ein didaktisches Würfelspiel für den lateinischen Anfangsunterricht. In: AU XXIV 1 (1981), 74–76.

65 Vgl. Anm. 33.

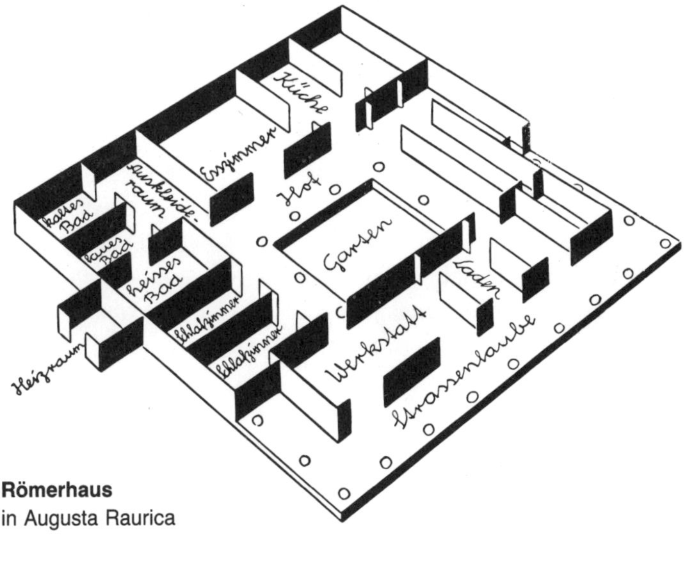

Römerhaus
in Augusta Raurica

In der Regel kann das Basteln nicht innerhalb des Unterrichts stattfinden. Aber warum sollte man in einer interessierten Klasse nicht einmal in einer Abschlußstunde vor den Ferien gemeinsam basteln?
Bastelbegeisterte Schüler gewinnen bei dieser Gelegenheit Lust, auch andere römische Bauwerke ohne Modellbogen nachzubauen: einen Triumphbogen, Caesars Brücke über den Rhein oder einen Wachturm des Limes.

3 Lernhilfen des Spiels

In der Spielsammlung des Kap. 2 findet man Verfahren, die scheinbar mit dem herkömmlichen Begriff des Spielens nichts zu tun haben. Man zögert, das Hantieren mit Vokabelkarten (2.1.2 e), die Erzählung einer Geschichte (2.3.1 b) oder den gelenkten Entdeckungsgang durch ein Museum (2.3.1 b) als ‚Spiel' zu bezeichnen. Was sind ‚Lernspiele'?

‚Lernspiele', so kann vorläufig gesagt werden, sind Unterrichtsmethoden, die Lernvorgänge nach dem Muster von Spielhandlungen inszenieren. Die Regeln bekannter Gesellschaftsspiele wie z. B. des Quartettspiels, der Puzzle-Spiele oder des ‚Kofferpackens' werden für die Organisation bestimmter Sprachübungen übernommen. Nach diesem Prinzip können zu den im Kap. 2 dargestellten Spielen immer neue Formen hinzukommen.

Mit dieser Erklärung sind die oben erwähnten Übungen noch nicht als Spiele ausgewiesen. Es wiederholt sich hier die allgemeine Schwierigkeit, den Begriff ‚Spiel' zu definieren. Nachdem ein maßgeblicher Spieltheoretiker, Scheuerl, bestimmte Spielformen beschrieben hat, stellt er fest: „Aber ich kann eben auch statt eines Spiels jede andere Tätigkeit spielen oder so ausüben, daß sie spielerische Merkmale annimmt."[66] Scheuerl und auch Heckhausen, ein anderer bekannter Spieltheoretiker, haben sich deshalb in ihren Arbeiten darauf konzentriert, nur Merkmale zu isolieren und zu beschreiben, die für ein Spielgeschehen charakteristisch sind.[67]

So soll hier auch verfahren werden. Es werden Einzelmerkmale besprochen, die dem Lernen einen spielerischen Charakter geben. Das Ziel der folgenden Ausführungen ist aber nicht die spieltheoretische Frage nach einem allgemeingültigen Spiel-

---

66 Scheuerl, H.: Zur Begriffsbestimmung von ‚Spiel' und ‚Spielen'. In: Z. f. Päd. 21,3 (1975), 346.

67 Scheuerl, H.: Das Spiel. – Weinheim/Berlin 1954.
Heckhausen, H.: Entwurf einer Psychologie des Spielens. In: Das Kinderspiel (hrsg. von Flitner, H.). – München 1976³, 133–149.

begriff. Die Erklärung von Einzelmerkmalen spielerischer Abläufe soll vielmehr deutlich machen, worauf es bei dieser Unterrichtsmethode ankommt, damit sie zu einer Hilfe wird,

- die oben (s. S. 3; 5–7) kritisierte Langeweile durch gesteigerte Motivation zu vertreiben,
- die beklagte (s. S. 3f.; 7f.) intellektuelle Einseitigkeit des Lateinunterrichtes zu verringern,
- die Chance zum sozialen Lernen (s. S. 4f.; 8f.) zu vergrößern.

3.1 **Hilfen zur Förderung der Motivation**

Unter Motivation soll im folgenden die Bereitschaft des Schülers verstanden werden, sich aktiv am Unterrichtsgeschehen und am Lernen zu beteiligen.[68] Fünf das Spielgeschehen charakterisierende Merkmale sind einzeln oder gemeinsam geeignet, das Unterrichtsritual zu durchbrechen und neue, zielgerichtete Aktivitäten im Schüler zu wecken.

3.1.1 Motivation durch Zwanglosigkeit

Spiele haben ihren Sinn in sich selbst. Sie sind kein Mittel, durch das ein außerhalb des Spieles liegender Zweck verfolgt werden soll. Mit diesen Worten soll das subjektive Erleben des Spielers, also des Schülers, nicht die didaktische Intention des Spielplaners, also des Lehrers, umschrieben werden. Der Antrieb zur Spielhandlung kommt unmittelbar aus dem Spiel selbst. Scheuerl spricht in diesem Zusammenhang von dem ‚Moment der Freiheit', um zu erklären, daß eine wahre spielerische Aktivität nur entstehen kann, wenn der Handelnde unbelastet ist von Wünschen und Ängsten, die ihren Ursprung außerhalb der Spielhandlung haben.[69]

---

68 Vgl. Heckhausen, H.: Förderung der Lernmotivierung und der intellektuellen Tüchtigkeit. In: Begabung und Lernen (hrsg. von Roth, H.). – Stuttgart 1971^{6}, 194.
69 Scheuerl, H., a.O. (s. Anm. 66), 342.

Das Lerngeschehen im Unterricht gewinnt – auch ohne eine im Kap. 2 dargestellte Organisationsform – spielerische Qualität, wenn es glückt, sich mit der Sprache in einer Haltung zu beschäftigen, in der Schüler und Lehrer sich frei fühlen „von den Fesseln jedes Zwecks, jeder Pflicht, jeder Sorge."[70] Das lustigste Theaterstück hört auf, Spiel zu sein, wenn der Schüler Angst hat, wegen eines Versprechers vom Lehrer negativ zensiert zu werden.

Lernen zu einer spielerischen Tätigkeit zu machen, bedeutet unter diesem Gesichtspunkt vor allem die Erzeugung einer angstfreien Unterrichtsatmosphäre. In diesen Augenblicken ist sowohl die Angst vor Mißerfolg und Blamage als auch Leistungszwang und stechender Ehrgeiz aufgehoben. Die Distanz zu außerhalb der Tätigkeit selbst liegenden Absichten und zu Überlegungen, welche negativen Folgen die eigene augenblickliche Tätigkeit haben könnte, machen das Wesen spielerischer Beschäftigung aus.

Wenn der Lehrer gelegentlich dazu beitragen kann, den Zensurendruck, den Gedanken an das Pflichtpensum, die Angst vor dem Neuen beiseite zu schieben, dann wird das Lernen zum Spielen gemacht, und neue Aktivitäten werden freigesetzt.

3.1.2 Motivation durch lustige Inhalte

Die Verknüpfung von Spiel- und Lerngeschehen kann erst dann als geglückt angesehen werden, wenn eine spielerische Übung Spaß macht. Die Übung muß unterhaltsam und vergnüglich sein, damit im Geiste des Spielens gelernt wird. Was damit gemeint ist, beschreibt Snell in einer Erinnerung an seinen eigenen Lateinunterricht: „Nur bei einer Gelegenheit, soweit ich mich erinnere, bin ich mit Begeisterung dabei gewesen, lateinische Formen zu pauken. Da veranstaltete unser

---

70 Schiller, F.: Über die ästhetische Erziehung des Menschen in einer Reihe von Briefen, 15. Brief. In: Schillers Werke in zwei Bänden. – München/Zürich o. J., Bd. II, 601.

Lateinlehrer in den letzten Stunden vor den Ferien sogenannte Formen-Schlachten . . ."[71]

Die Gründe der Fröhlichkeit können verschieden sein. Aber für alle Spielformen gilt, daß das Spielen eine Beschäftigung ist, „die für sich selbst angenehm ist."[72] Das Dialoglesen wird zur alltäglichen Leseübung, die Lektüre des Abenteuerbuches wird ein grauer Unterrichtsinhalt, Wettkampfspiele verlieren ihren sportlich-spielerischen Charakter, wenn diese Lernformen keinen Spaß mehr machen.

Von einer allgemein-fröhlichen Spielatmosphäre heben sich diese Spielformen ab, die ausgesprochen lustig sind und Lachen hervorrufen. Das Lustige, Witzige und Komische ist geeignet, Unterrichtsroutine und Langeweile zu durchbrechen. Das überraschende Auftauchen von lustigen Holzaffen aus der Mappe des Lehrers (2.2.1 a) lenkt die Blicke und die Aufmerksamkeit auf das, was der Lehrer nun tut und sagt. Das Spiel mit den Puppen und die Anfertigung kleiner ‚Drehbücher' machen Spaß, weil witzige Dinge passieren, geplant oder auch unfreiwillig (2.3.3 a; 2.4.3 a). Abstrakte Kasusfunktionen erhalten eine anschauliche Bedeutung, wenn sie ermöglichen, einen lustigen Streich von Tom Sawyer zu erzählen (2.3.1 b). Die vielseitigen Aspekte des antiken Sklavenwesens können von 14jährigen Schülern besser begriffen werden, wenn Sklaven in den unterschiedlichen Rollen Figuren eines spannenden Abenteuerromans sind, als wenn das Thema nur abstrakt-theoretisch behandelt wird (2.6.1 a).

Das gemeinsame Lachen im Unterricht ist eine der wirksamsten Kräfte, neue Energien für das Denken und Üben freizusetzen. Frederic Vester liefert eine physiologische Erklärung für die eben beschriebene Erfahrung, daß Freude und Spaß das Lernen erleichtert:

---

71 Snell, B.: Neun Tage Latein, 11.

72 Zit. nach Scheuerl, H., a.O. (s. Anm. 67), 74.

„Es kann nicht deutlich genug betont werden, daß all diesen Lernhilfen – etwa daß eine Information, wenn sie mit Freude, Erfolgserlebnissen, erotischer Anregung, mit Neugier, Spaß oder Spiel verbunden ist, weit besser verankert wird – ganz konkrete biologische Mechanismen zugrunde liegen und daß wir damit ein in unseren Schulen und Universitäten sträflich vernachlässigtes Lerngesetz berühren: die Aktivierung der positiven Hormonreaktion. So wichtig es ist, den Lernprozeß von unangenehmen Begleitereignissen zu befreien, so wichtig ist es auch, das Lernen mit schönen und angenehmen Ereignissen zu verknüpfen.“[73]

3.1.3 Motivation durch Wettstreit

Die Ausübung vieler Lernspiele wird als spannend erlebt. Die hier gemeinte Spannung kann zwei Ursachen haben: Die Spannung beruht auf der Ungewißheit, ob eine Aufgabe gelöst werden kann, ob man also in der Lage sein wird, ein Kreuzworträtsel vollständig auszufüllen. Spannung entsteht auch durch einen Wettstreit mit einem Mitschüler oder zweier Gruppen. Erst im Verlaufe des Wettkampfspieles wird die Frage beantwortet, welcher Teilnehmer der Sieger sein wird. Die Offenheit des Spielausganges, sei es im Blick auf die zu bewältigende Aufgabe, sei es im Blick auf den Leistungsvergleich mit anderen Partnern, ist die Voraussetzung für die Entwicklung von Spannung in den am Spiel Beteiligten.[74]
Der Wettkampfcharakter verbindet Lernspiele dieser Art mit dem Sport. SCHEUERL beschreibt solche Spiele zutreffend, wenn er formuliert:

„Tatsächlich würde für viele Formen des Lernspiels die Bezeichnung ‚Lernsport‘ nicht nur völlig angemessen sein, sondern auch manches Mißverständnis beseitigen: Die nahe Verwandtschaft des Lernspiels zu verschiedenen Arten des sogenannten ‚geistigen Sports‘ ... und der eindeutige Abstand zu allen Arten noch traumhaft-kindlichen oder musischen Darstellungs- und Gestaltungsspiels andererseits käme klar zum Ausdruck.“[75]

---

73 VESTER, F.: Denken, Lernen, Vergessen. – München 1978, 125.

74 SCHEUERL nennt dieses Merkmal von Spielen das „Moment der Ambivalenz“. Vgl. SCHEUERL, H., a.O. (s. Anm. 1), 342f.

75 SCHEUERL, H., a.O. (s. Anm. 67), 213.

Wettkampfspiele motivieren nicht nur im Augenblick ihres Vollzuges, sondern sie sind ein Anreiz, die vorbereitende Lernarbeit bereitwilliger auf sich zu nehmen. „Man lernt durch das Lernspiel, indem man für es lernt.“[76] Diese Situation wird geschaffen, wenn Schülern bekannt gemacht wird, daß am nächsten Tag ein ‚Vokabel-Quiz‘ oder ein ‚Staffellauf‘ stattfinden soll (2.1.4 c, d). „Das Kind soll nicht um eines Lobes, eines Tadels oder einer Zensur, sondern um des besseren Gelingens eines Spieles willen lernen. Man hofft, daß es im Dienste des Spiels alle Anstrengungen freudiger auf sich nehme.“[77]
In einer Spielsituation wird ein Schüler aber nur dann wirklich herausgefordert, wenn er sich eine ‚Gewinnchance‘ ausrechnen kann. Deshalb kommt es darauf an, daß das Rätsel weder zu schwer noch zu leicht und die Wettkampfpartner ungefähr gleich leistungsfähig sind. Mittelschwere Aufgaben sind am besten geeignet, Anstrengungsbereitschaft zu wecken. So lehnte es ein schwächerer Schüler einmal ab, an einem Lesewettbewerb teilzunehmen, da er die anderen Teilnehmer für sehr viel besser hielt. Er war dann zur Teilnahme bereit, als ich eine Gruppe von Schülern mit ungefähr gleicher Lesefertigkeit zusammenstellte.
Auch zu leichte Aufgaben motivieren nicht. Bei einer Gesamtwiederholung von Verben verlor das ‚Vokabel-Ping-Pong‘ (2.1.2 c) deutlich an Motivationskraft, da zu viele Antworten möglich waren. Die Schwierigkeit wurde daraufhin erhöht, indem nur transitive Verben genannt werden sollten. Hier gilt, was SCHEUERL so zusammengefaßt hat: „In einem Spiel, das ‚zu leicht‘ ist und als ‚Spielerei‘ unterhalb der Leistungsfähigkeit des Spielers bleibt, übt man weder etwas Erworbenes ein, noch lernt man etwas Neues.“[78]

---

76 SCHEUERL, H., a.O. (s. Anm. 67), 215.
77 SCHEUERL, H., a.O. (s. Anm. 67), 215f.
78 SCHEUERL, H., a.O. (s. Anm. 67), 180.

Die Schaffung von Konkurrenzsituationen im Unterricht ist aus pädagogischen Gründen nicht unproblematisch. Es gibt zwei Bedenken, die gegen die Motivation durch Leistungsvergleiche vorgebracht werden können:

- Gerade die schwächeren Schüler haben in einem Wettstreit kaum eine Erfolgschance.
- Der Wettstreit fördert das Konkurrenzdenken unter den Schülern, das ein partnerschaftliches Verhalten verhindert.

Beide Einwände bezeichnen eine ernstzunehmende Gefahr, aber beiden Gefahren kann entgegengewirkt werden. Bestimmte Lernspiele wie Rommé, Quartette oder das ‚Vokabel-Ping-Pong' geben gerade schwächeren Schülern eine Gewinnchance, weil neben den notwendigen Kenntnissen auch das Glück eine Rolle spielt. Auch die Zusammenstellung von Spielgruppen ist ein Mittel, für Chancengleichheit zu sorgen.
Die zweite Befürchtung wäre völlig berechtigt, wenn alle Spiel- und Übungsformen nach dem Prinzip eines Wettstreites durchgeführt würden. Das soll aber nicht angestrebt werden. Das Moment des Wettstreites ist nur ein Spielmerkmal neben anderen. Das Konkurrenzdenken muß auch dann nicht gefürchtet werden, wenn Gruppen und nicht einzelne Schüler miteinander wettstreiten. Und auf jeden Fall muß sichergestellt werden, was Theodor WILHELM in diesem Zusammenhang fordert: „Die schulischen Wettkämpfe sind nur dann unbedenklich, wenn sie eingebettet sind in ein Gesamtklima der Kooperation."[79]

3.1.4 Motivation durch Entdecken

Alles Neue weckt in Schülern Interesse. Die Beschäftigung mit neuen Inhalten oder das Vorgehen nach neuen Methoden bewirkt auch neue Motivation. Das Unbekannte und Überraschende fordert dazu auf, entdeckt und untersucht zu werden. Kindliches Spielen wird oft von diesem Streben angetrieben.[80]

79 WILHELM, TH.: Theorie der Schule. – Stuttgart 1967, 411.
80 Vgl. FLITNER, A.: Spielen in der Schule. In: Z. f. Päd. 21,3 (1975), 462.

Ein anstrengender Museumsbesuch wird zu einem spannenden Entdeckungsgang, wenn vorher die Frage nach geheimnisvollen Abkürzungen gestellt wurde, deren Bedeutung nun durch bestimmte Beobachtungen herausgefunden werden kann, oder wenn man die Originalstatue finden soll, deren Zeichnung man bereits in den Händen hat (2.6.2 c). Auch die Übersetzung von Inschriften wird spannender, wenn im Rahmen eines Rallye-Auftrages aus ihrer Entzifferung neue Anweisungen zu gewinnen sind. Selbst das Vokabelabfragen wird mit Neugier verbunden, wenn es gilt, ein Kennwort zu entdecken (2.1.4 c).
Um die Entdeckerfreude gelegentlich auch für die alltägliche Lernarbeit auszunützen, können nüchterne Aufgabenstellungen gelegentlich ‚verzaubert' werden. Das dem Lehrer für die Verzauberung zur Verfügung stehende Mittel ist die Sprache. Mit Wörtern und Formulierungen versucht er, die Schüler in eine Welt der Geheimnisse zu ‚entführen'. In der Spielesammlung sind deshalb Übungsformen aufgeführt, die sich nur in ihrer Etikettierung von traditionellen Methoden des Lateinunterrichts unterscheiden. Satzteilbestimmungen werden als ‚Verschlüsselung in einen Geheimcode', die Zuordnung von Wörtern zu einem vorgegebenen Satzmuster als ‚Entschlüsselung eines Geheimcodes' deklariert (2.3.2 a). Die Anklänge an die Sprache der Detektive regten die Phantasie der Schüler an. Einige Spiele leben geradezu davon, daß Kinder Rollen von Personengruppen übernehmen, mit denen sie sich in der Phantasie besonders gerne beschäftigen. Es ist selbstverständlich, daß diese ‚Zaubermittel' nur für bestimmte Altersstufen wirksam sind.
Die Einbettung von Untersuchungen und Übungen in eine Atmosphäre des Geheimnisvollen machen die Aufgabe bildhaft-ansprechender. Dieser Methode bedienen sich auch die Autoren der Arbeitshefte zum Lehrbuch CURSUS LATINUS bzw. CURSUS NOVUS, wenn sie nüchternen Selektionsaufgaben die Überschrift ‚Blinde Passagiere' oder ‚Einer zuviel an Bord' geben oder Einsetzübungen mit der Schlagzeile ‚Totale

Vernebelung‘ versehen.[81] In allen diesen Beispielen wird die Neugier als Quelle der Motivation angesprochen.

3.1.5 Motivation durch kreative Aufgaben

Spielen regt die Phantasie an, und die Phantasie regt das Spielen an. Beide, die Phantasie und das Spiel, haben die Freiheit, die Grenzen der Realität zu überschreiten. Der Spieler schafft sich eine eigene Welt, in der andere Bedingungen und Regeln gelten als in der sonstigen Realität. Diese Ungebundenheit ist die anregende Voraussetzung, unter der Einfälle, neue Ideen, originelle Kombinationen und eigene Gedanken hervorgebracht werden können. Spielen regt zu schöpferischen und produktiven Leistungen an.
Früh gehören Bauklötze zum Lieblingsspielzeug von Kindern. Die Freude am Aufbauen und Einreißen, am Schaffen und produktiven Ausprobieren neuer Turmarten, Autoformen oder Märchenhäuser ist eine ursprüngliche, auf der Lust am Hervorbringen eigener Werke basierende Spielart. Das kreative Moment ist deshalb ein weiterer Anstoß, den die Spieltheorie der Unterrichtsmethodik geben kann.
Im Fach Latein dominieren, vor allem in der Spracherwerbsphase, reproduktive Leistungen. Anders als in der Muttersprache oder in den modernen Fremdsprachen gibt es kaum Gelegenheiten, eigene Texte zu produzieren oder selbständig die neuen Sprachelemente zu variieren und zu kombinieren. Eine solche Möglichkeit zur selbständigen Buchstabenkombination bietet ‚Scrabble‘ (2.1.3 a). Noch mehr Einfallsreichtum verlangen Aufgaben, die dazu auffordern, Sprechblasen in einer vorgegebenen Bildergeschichte auszufüllen (2.1.3 d).[82] Die Freude am Entwickeln von Handlungsideen oder am Produzie-

81 Vgl. Arbeitsheft II, 15 u. 58; Arbeitsheft III, 66.
82 Auf diese Möglichkeit kreativer Leistungen weist auch ERNST RIEGER hin. Vgl. RIEGER, E.: Kreativität. In: Fachdidaktisches Studium in der Lehrerbildung. Alte Sprachen 1 (hrsg. v. GRUBER, J./MAIER, F.). – München 1979, 109.

ren eigener kleiner Texte werden durch Puppenspiele gefördert (2.3.3 a). Solche Projekte bieten die Gelegenheit, „mit dieser Sprache selbst etwas Neues zu bauen, zu gestalten – mag das Ergebnis noch so elementar sein. Sollen wir sagen, dazu gehört es, mit dieser Sprache ‚zu spielen'?"[83]

SNELL hat diesen Aspekt des Sprachenlernens in folgenden Gedanken zu einem wünschenswerten Merkmal des Lateinunterrichts erklärt:

„Es gehört zum Wesen des freien und überlegenen Menschen, daß er so mit der Möglichkeit spielen kann, und es scheint mir, daß es unserem Gymnasium nur gut tun könnte, wenn es diesen Spielcharakter des Lateinlernens etwas mehr hervorkehrte. Nebenbei würde die dadurch hervorgerufene Freude auch das Lernen erleichtern, und außerdem gehören Heiterkeit und Witz wesentlich zu der Tradition, die das Gymnasium pflegen soll."[84]

Schüler können auch zu kreativen Leistungen angeregt werden, die sich nicht direkt auf die fremdsprachliche Kompetenz beziehen. So bietet die Interpretation durch selbständige Erweiterung von Texten (2.5.2 b) oder sogar durch die Entwicklung eigener Handlungsideen für ein Theaterstück (2.5.3 a) gute Möglichkeiten zur Weckung kreativer Begabungen in den Schülern.[85]

Von einfallsreichen Leistungen im Rahmen des Lateinunterrichtes berichtet FRIEDRICH MAIER. In einem Wettbewerb haben Schüler Geräte konstruiert, die das Ablesen des ‚Regelmechanismus' der Zeitenfolge ermöglichen.[86] HEIDE HUBER stellt ein von Schülern entwickeltes ideenreiches ‚Stadt-Spiel' vor, das der spielerischen Informationsbeschaffung zu Fakten der römischen Vergangenheit dient (2.6.2 b).[87]

---

83 RAUSCHER, H.: Darstellendes Spiel im altsprachlichen Unterricht, 12f.

84 SNELL, B., a.O. (s. Anm. 71), 7.

85 Zu den muttersprachlichen kreativen Leistungen im Rahmen der Interpretation lateinischer Texte vgl. RIEGER, E., a.O. (s. Anm. 82), 110f.

86 MAIER, F.: Lateinunterricht zwischen Tradition und Fortschritt, Bd. 1, 196f.

87 HUBER, H.: Kreative Schülerarbeiten für den Lateinunterricht. Beispiel: ‚Stadt-Spiel ohne Zeiten.' In: AU XXII 5 (1979), 80–96.

3.2 Hilfen zur Überwindung einseitiger Abstraktion

Eine zweite Ausgangsüberlegung zum Thema Spiel im Lateinunterricht war die Feststellung, daß es in diesem Fach eine Tendenz zur Überbetonung intellektuell-abstrakter Arbeitsanforderungen und zur Vernachlässigung von emotional-expressiven Handlungen gibt. Das beklagt auch Werner JÄKEL, wenn er schreibt:

„Daß wir dabei die ständig sprungbereite Anschauungskraft und die Umsetzung des Gehörten oder Gelesenen ins Eidetische und Motorische vielfach nicht nutzen, sondern hemmen, ist der, zeitlich wie rangmäßig, erste Fehler des Sprach- und Leseunterrichts. Die systematische Einengung auf die Schriftbild-Begriff-Beziehung, d. h. die auf eine bildarme Intellektualisierung und anschauungslose Worthantierung hinauslaufende Ausklammerung der sinnhaft faßbaren realen Welt, wird auch durch gelegentliche Wortschatzübungen, Tafelskizzen oder Bilder nicht wettgemacht."[88]

Diese Einseitigkeit sollte aus einem doppelten Grund bekämpft werden: Die pädagogische Verantwortung für die ganze Person des Schülers verlangt es, auch seiner Welt der Gefühle und persönlichen Eindrücke gerecht zu werden. Die lernpsychologische Forderung nach wirksamen Unterrichtsmethoden verlangt die Einbeziehung aller Wahrnehmungs- und Ausdrucksmöglichkeiten in den Lernprozeß.[89] Diese Maxime wurde von dem Pädagogen COMENIUS schon vor 350 Jahren zum Inhalt einer goldenen Regel für alle Lehrenden gemacht. Er schreibt:

„Alles soll wo immer möglich den Sinnen vorgeführt werden, was sichtbar dem Gesicht, was hörbar dem Gehör, was riechbar dem Geruch, was schmeckbar dem Geschmack, was fühlbar dem Tastsinn. Und wenn etwas durch verschiedene Sinne aufgenommen werden kann, soll es den verschiedenen zugleich vorgesetzt werden ... Und weil die Sinne die treuesten Sachwalter des Gedächtnisses sind, so wird diese Veranschaulichung der Dinge bewirken, daß jeder das, was er weiß, auch behält."[90]

---

88 JÄKEL, W.: Methodik des altsprachlichen Unterrichts. – Heidelberg 1966², 27.

89 Vgl. VESTER, F.: Denken, Lernen, Vergessen. – München 1978, 102.

90 COMENIUS, J. A.: Große Didaktik (hrsg. u. übersetzt von FLITNER, A.). – Düsseldorf/München 1970⁴, 135f.

Wodurch helfen nun Spiele, das Übergewicht von sprachlich-symbolischen Denkvorgängen zu überwinden? Im Nachdenken über die für das Spielen charakteristischen Merkmale kann man fünf Handlungsformen unterscheiden, die einzeln oder gemeinsam Gefühle, verschiedene Sinnesorgane und die Psychomotorik der Schüler ansprechen.

3.2.1 Lernen mit Bewegungen

Die Aneignung von Wissen und die Darstellung von Kenntnissen mit Hilfe von Symbolen, d. h. von Wörtern, ist eine entwicklungspsychologisch fortgeschrittene Leistung. Die Vorläufer aller geistigen Aktivitäten sind Handlungen. Ein Kind erfährt Neues über seine Umwelt, indem es die Dinge anfaßt und mit ihnen etwas tut.[91] Erst im Laufe seiner Entwicklung wird die Fähigkeit ausgebildet, die Stellvertreter der Handlungen, die Sprachsymbole, zu verstehen und sie zu benutzen.

Spiele heben oft die Trennung von Handeln und kognitiven und wahrnehmenden Vorgängen auf. Das Spiel ist „stets handelnde Auseinandersetzung mit einem Stück, mit einem Ausschnitt der begegnenden Welt."[92] Wenn nun einige der dargestellten Übungsformen die Gelegenheit schaffen, die Aneignung und Wiedergabe von Wissen mit Körperbewegungen zu verbinden, so bieten wir Kindern die Möglichkeit, abstrakte Lernprozesse mit dem ursprünglichen Lernmodus des Tuns wieder zu verbinden.

Geordnete motorische Aktivitäten, wie sie in Spielhandlungen in Gang kommen, haben nicht nur einen lernpsychologischen Sinn. Sie kommen dem natürlichen Bewegungsdrang von Schülern entgegen, die während des Unterrichts nicht nur stillsitzen wollen. Lustvolle Bewegungen sind oft der Grund für die

---

91 Die Theorie zur Entwicklung des Denkens vom Stadium des Handelns, über die Vorherrschaft von Bildern zum Gebrauch von Symbolen stammt von Bruner, J. S.: Studien zur kognitiven Entwicklung. – Stuttgart 1971.

92 Heckhausen, H., a.O. (s. Anm. 68), 145.

Freude am Spielen, gelegentlich auch für den Spaß am Lernen.
Das Ausmaß und die Funktion der Motorik ist in den einzelnen Übungsformen sehr unterschiedlich. So stehen die Bewegungen in einem ‚Staffellauf' (2.1.4 d) in keinem direkten Zusammenhang mit der geistigen Aktivität. Die Psychomotorik spielt eine größere Rolle in allen Übungen, in denen Spielmaterial aufgenommen, geordnet und abgelegt werden muß, wie beim Puzzle, Domino, den Karten- oder Würfelspielen. Bei diesen Lernformen wird die geistige Aktivität der Formenbildung oder des Wiedererkennens eines Wortes von Körperbewegungen begleitet oder durch Gesten zum Ausdruck gebracht. Die höchste Einheit von Bewegung und sprachlichen Prozessen wird in den Puppen- und Rollenspielen angestrebt (2.4.3).

3.2.2 Lernen mit Berührungen

Ein in der Schule vernachlässigtes Medium der Wahrnehmung ist das Berühren und Anfassen. Das Berühren von Gegenständen ist eine sehr ursprüngliche Form des Lernens. „Der Drang bei Kindern, etwas Neues, Unbekanntes anzufassen, ist wahrscheinlich ganz einfach ein Drang, über den eigenen Körper damit vertrauter zu werden."[93]
Nun haben es andere, nicht-sprachliche Fächer leichter, durch das Betasten eines Blattes, eines Steines, eines Modells sich einer Erkenntnis zu nähern. Aber ein gutes Beispiel für die enge Verbindung von Denken und Berührung ist im Anfangsunterricht des Faches Latein das Hantieren mit Papp-Symbolen während einer Satzanalyse (2.3.2 a). Der Schüler denkt den Begriff ‚Subjekt' und greift gleichzeitig ein kleines Rechteck aus Pappe aus der Vorratsschachtel der Satzsymbole und heftet es an die Tafel. Kopf und Hände sind bei der Aufgabenlösung in gleicher Weise beschäftigt. Bommes interpretiert sehr tref-

93 Vester, F., a.O. (s. Anm. 89), 121.

fend die Verwendung der Satzsymbole als einen Versuch, ein haptisches Moment in die Satzanalyse einzufügen. Er schreibt:

„Das Arbeiten mit den Symbolen erleichtert das Verständnis für die Struktur eines (relativ einfachen) Satzes erheblich, es macht den Schülern Spaß, und es gibt viele Möglichkeiten, mit den Figuren zu spielen. Mit Hilfe von aus Pappe ausgeschnittenen Zeichen kann der Schüler die Teile eines Satzes im wahrsten Sinne des Wortes ‚mit Händen greifen'. Hier haben wir die Möglichkeit, auch im LU dem Schüler ‚haptische' Erlebnisse zu bieten, die für den Lernprozeß ungemein wichtig sind."[94]

Eine geradezu idealtypische Einheit von abstrakter und haptischer Erfassung eines Gegenstandes ist das Basteln eines Objektes römischer Baukunst (2.6.3 a). Mit den Händen wird nachkonstruiert, was durch Worte und Bilder vorher über das römische Haus schon gelernt wurde.
Natürlich müssen Erfahrungen dieser Art im Lateinunterricht immer ein Ausnahmeerlebnis bleiben. Aber die zwei genannten Beispiele verdeutlichen, daß ‚Erfassen' und ‚Begreifen', zwei Leistungen, die wir von unseren Schülern fortwährend verlangen, ursprünglich tatsächlich etwas mit den Händen und der Berührung zu tun hatten. Es bleibt ein Glücksfall, wenn wir Schüler gelegentlich diese Form des Lernens wieder ermöglichen können.

3.2.3 Lernen mit der Stimme

Die menschliche Stimme ist ein feines und ausdrucksstarkes Instrument, mit dem in vielfältiger Weise gespielt werden kann[95]. Die bewußte Variation und der gezielte Einsatz der Stimme, um Freude oder Zorn, Trauer oder Schmeichelei auszudrücken, kann geübt werden. Im expressiven Sprechen geht der Inhalt mit den Gefühlen eine enge Verbindung ein.

94 Bommes, P.: ‚Ianua Nova' – Das ideale Lehrbuch oder die Quadratur des Kreises. In: AU XIX 3 (1976), 22.
95 Barié, P., a.O. (s. Anm. 4), 73–79. – Siewert, W.: Das Lied im lateinischen Anfangsunterricht. In: AU XXIII 5 (1980), 53–65.

Deshalb ist die spielerische Verwendung der Stimme ein besonders geeignetes Mittel, mehr als die kognitiven Fähigkeiten in Schülern zu mobilisieren.
Die Ausdrucksmöglichkeiten können auch beim einfachen Lesen ins Spiel kommen (2.4.2 a). Aber leider finden gerade die gestaltenden Leseübungen oft nicht statt: Entweder fehlt die Zeit oder die Geduld, die nötig ist, um die Scheu zu überwinden, die Schüler anfänglich empfinden, wenn sie beim Lesen etwas aus sich herausgehen sollen. „Auf die Expressivität aber kommt es an . . . Entsprechendes Lesen erweckt diese grundlegende Seite des jeweiligen lateinischen Textes wieder zum Leben, verdeutlicht Atmosphäre und Intention des Textes . . .“[96] Dem interpretierenden und gestalterischen Sprechen eines Dialoges oder eines Redeabschnittes muß die Erarbeitung des Inhaltes vorausgegangen sein.
Auch im Chorsprechen werden die Freude am Klang und am Rhythmus erlebt. Die akustische Modulationsfähigkeit kann durch verschiedene ‚Regieanweisungen‘ herausgefordert werden: „Wir flüstern“; „wir sprechen schneller“; „wir sprechen im Dreiertakt“. Das geordnete Spiel mit Längen und Kürzen in einem Vers kommt nur im lauten und geübten Lesen oder gar dem freien Vortrag des auswendig gelernten Textes ganz zur Geltung.

3.2.4 Lernen in Interaktionen

In der Regel spielt man mit einem oder mehreren Menschen zusammen. Deshalb ist Spielen ein geselliger Zeitvertreib. Man achtet auf den Mitspieler und wird von ihm beachtet, man nimmt und gibt, man ist in einem Augenblick der Frager, im anderen Augenblick derjenige, der antwortet. Die Rollen der Spielpartner wechseln und sind austauschbar. Die Wechselbe-

96 Glücklich, H. J.: Lateinunterricht. Didaktik und Methodik. – Göttingen 1978, 79.

ziehung zwischen den Aktionen und Reaktionen der Spielpartner hält den Spielablauf in Gang.
Auch der Reiz mancher Lernspiele beruht auf der Intensivierung der sozialen Kontakte zwischen den Schülern. In Phasen des konventionellen Unterrichts stellt der Lehrer Fragen nach Vokabeln, Formen und Satzkonstruktionen, und ein Schüler antwortet. Der Übersetzungsvorgang besteht ebenfalls aus einer Wechselrede zwischen dem Lehrer und jeweils einem Schüler. Es überwiegt die Interaktion zwischen jeweils einem lernenden Schüler und dem wissenden Lehrer.
Spielmethoden unterscheiden sich erheblich von Unterrichtssituationen dieser Art. Sie stellen in unterschiedlicher Intensität Beziehungen zwischen den Schülern her: Übungen wie Vokabel-Ketten (2.1.4 a), Formen-Ketten (2.2.2 a) oder ‚Kofferpacken' (2.1.2 d) zwingen, genau auf die Antworten der Mitschüler zu achten. Der Lehrer ist in solchen Übungen als ständiger Impulsgeber überflüssig.
Das Zusammenspiel wird umfassender bei Methoden, die in Kleingruppen ausgeübt werden. Dazu gehören die Quartett- und Würfelspiele. Jeder kann mit jedem Gruppenmitglied Kontakt aufnehmen, jeder kontrolliert jeden, und der Austausch von Sachinformationen ist vermischt mit geselligen Formen des Sprechens.
In anderen Spielen arbeiten die Partner bei der Lösung von Problemen direkt zusammen. Das kann beim Satz-Puzzle (2.3.2 c) und bei Erkundungsspielen (2.6.2 b, c) der Fall sein. Die Notwendigkeit, sich aufeinander ‚einzuspielen', ist bei der Vorbereitung und Einübung gemeinsamer Puppen- und Rollenspiele am größten. Hier entsteht sowohl auf der fiktiven Ebene der Spielhandlung als auch auf der Ebene der ‚Schauspieler', die gemeinsam planen und üben, ein intensiver Austausch.
Lernen in Interaktionen führt dazu, daß das Nachdenken über die richtige Vokabel, Endung und Satzkonstruktion immer in eine Vielzahl von Gefühls- und Wahrnehmungsprozesse einge-

bettet ist, die durch die Hinwendung zu den Partnern ausgelöst werden. Die Beschäftigung mit den abstrakten Symbolen der Fremdsprache wird so Teil einer umfassenden Aktivität der Gesamtperson.

3.2.5 Lernen im Theaterspiel

Unter dieser Handlungsform soll nicht die Arbeit einer schulischen Theatergruppe verstanden werden. Aber zahlreiche Unterrichtsformen haben das Theaterspiel zum Vorbild und übernehmen wichtige Elemente von ihm für den Unterricht. In der Verbindung von Inhalten und Darstellung der Inhalte mit der Stimme, den Bewegungen und in Dialogen auf einer ‚quasirealen' Ebene,[97] erfüllt sich der Begriff des Spielens am umfassendsten. Alle Teilaktivitäten, die in diesem Abschnitt als Hilfen zur Überwindung einseitig abstrakter Lernleistungen besprochen wurden – von der Psychomotorik bis zu intensivierten Interaktionen –, spielen bei den Versuchen eine Rolle, Inhalte ‚in Szene zu setzen'.
Den pädagogischen Wert des Theaterspiels faßt Gerhard Schwinge in folgenden Worten zusammen:

> „Es (das Spiel) verlangt nicht nur das Auffassen, Begreifen, Einüben und Einprägen des Stoffes, sondern in gesteigertem Maße auch das Sprechen, das Einfühlen, das Miteinandersein und -tun, die Mimik und Gestik, das Lachen, das Aus-sich-Herausgehen. Ständig wird der gleichzeitige Einsatz der rationalen, emotionalen und körperlichen Fähigkeiten gefordert."[98]

Ganz einfache Verknüpfungen von Inhalt und Bewegungen stellt der Lehrer her, wenn er in kleinen Szenen Vokabeln erklärt (2.1.1 a) oder neue Formen einführt (2.2.1 a). Auch das sprachfreie Vorspielen einer Situation sind nur Teilelemente des voll entwickelten Theaterspiels. Aber die gespielte Dar-

97 Heckhausen, H., a.O. (s. Anm. 68), 147.
98 Schwinge, G.: Das Spiel im altsprachlichen Unterricht. In: Fachdidaktisches Studium in der Lehrerbildung. Alte Sprachen 1 (hrsg. v. Gruber, J./Maier, F.). – München 1979, 115.

stellung von Situationen hilft erheblich, einen Begriff zu veranschaulichen (Aktiv-Passiv; vgl. 2.3.1 a), eine fremde Erfahrung nachzuerleben oder die Wahrheit einer Sentenz am eigenen Leibe zu verspüren (‚Einigkeit macht stark'; vgl. 2.5.2a). Den Einwänden der Praktiker, daß das Nachspielen von Situationen zu viel Unterrichtszeit kostet, begegnet RAUSCHER mit folgendem Hinweis:

> „Noch erregt sich mancher Lehrer über ein paar Minuten Unterrichtsspiel und setzt doch im eigenen Unterricht ein Vielfaches an Zeit daran, um mit warmen Worten antike Tugenden zu lehren und antike Geister zu verherrlichen. Eigene Ergriffenheit genügt nicht mehr! ‚Liebe' will nicht gelehrt, nicht befohlen, sondern geweckt werden."[99]

Dem eigentlichen Theaterspiel sehr nahe kommen wir, wenn es gelingt, ein Puppen- oder Rollenspiel vor der Klasse zu inszenieren (2.4.3 a, b). Die Möglichkeiten des Lateinunterrichts für diesen sprechenden und gestaltenden Umgang mit der fremden Sprache sind sehr begrenzt. Die Unterlegenheit der Alten Sprachen gegenüber den modernen Fremdsprachen und der Muttersprache kann man nicht übersehen. Aber „gerade die abstrakten Prozesse einer vielerorts als ‚tot' verrufenen Sprache sollten den Lehrer nicht ruhen lassen, nach Methoden lebendiger Darstellung und lebendiger Begegnung zu suchen."[100] Das kann gelegentlich durch ein Theaterspiel, durch andere Spielformen oder häufig auch durch Methoden geschehen, die mit dem Spielen, dem Thema dieser Ausführungen, nichts zu tun haben.

3.3 Hilfen zum sozialen Lernen

Der Versuch, Lernspielen einen Platz im Spektrum der Unterrichtsmethoden zu geben, ist wegen eines dritten Defizits des Lateinunterrichts aktuell: Die Einsicht, daß die soziale Erzie-

---

99 RAUSCHER, H., a.O. (s. Anm. 83), 13.
100 RAUSCHER, H., a.O. (s. Anm. 83), 13.

hung zu den Aufgaben der Schule gehört, bleibt für die Unterrichtsplanung oft folgenlos. KREFELD hält der altsprachlichen Didaktik den umfassenden pädagogischen Auftrag der Schule vor Augen, wenn er schreibt, es sei nun an der Zeit, „die einseitige Beschränkung der Lernzieldiskussion innerhalb des altsprachlichen Unterrichts auf den kognitiven Bereich zu überwinden.“[101]

Soziale Verhaltensweisen werden gelernt, sei es auf der Ebene des ‚heimlichen Lehrplanes‘, d. h. hinter dem Rücken des Lehrers, der dem sozialen Geschehen in seinem Unterricht nur unter dem Zwang von Störungen Aufmerksamkeit schenkt, sei es in einer vom Lehrer bewußt gewollten und gestalteten Weise. Dem Lehrer stehen verschiedene Wege offen, sozialerzieherische Absichten in die Tat umzusetzen: in der Auswahl und im interpretierenden Umgang mit Texten, in der Art seines eigenen Sozialverhaltens, in persönlichen Gesprächen mit einzelnen oder einer ganzen Klasse.

Auch Unterrichtsmethoden sind Mittel der Sozialerziehung, denn sie müssen „immer auch als Strukturierung sozialer Beziehungen“ verstanden werden.[102] Aus diesem Grunde ist der seltene Wechsel vom Frontalunterricht zu anderen Sozialformen zu bedauern. Jede Sozialform verlangt ein anderes Sozialverhalten. Das Sozialverhalten einer Person besteht aus Einstellungen und Handlungsweisen. Einstellungen und Handlungsfähigkeiten entscheiden darüber, ob es gelingt, mit anderen zusammenzuarbeiten und immer wieder einen Ausgleich zwischen eigenen Interessen und den Bedürfnissen der Mitschüler herzustellen.

Es gibt eine Reihe von spezifischen Einstellungen, die in Spielhandlungen gefordert und dabei auch gefördert und eingeübt werden. Von vier dieser sozialen Fähigkeiten soll im folgenden die Rede sein.

---

101 KREFELD, H.: Affektive Lernziele im Lateinunterricht. In: Gymn. 84 (1977), 292.
102 KLAFKI, W.: Zum Verhältnis von Didaktik und Methodik. In: Z. f. Päd. 22, 1 (1976), 91.

3.3.1 Das Beachten von Regeln

Lernspiele werden nach bestimmten Regeln organisiert, die der Schüler verstehen und einhalten muß. Eine Formen-Kette (2.2.2 a) wird gestört, wenn der Schüler versäumt, sich vor Spielbeginn eine Anschlußvokabel zurechtzulegen. Während eines Vokabel-Ping-Pongs (2.1.2 c) muß der Schüler darauf achten, daß er immer nur im Wechsel mit der Gegenpartei eine Antwort nennt. Vorschnelles Losrennen in einem ‚Staffellauf' kann zur Disqualifikation führen (2.1.4 d).
Durch Erfahrungen dieser Art lernen die Schüler, daß die Einhaltung von Spielregeln notwendig ist, weil ein Regelverstoß den Spielfluß hemmt, den Spaß mindert und eventuell zu Nachteilen in agonalen Spielen führt.

3.3.2 Das Weiterentwickeln von Regeln

Während des Spielens zeigt es sich immer wieder, daß das vom Lehrer erklärte Verfahren verbesserungsfähig ist. Der erste ‚Gutschein-Erwerb' (2.1.2 e) sollte so ablaufen, daß spontan und laut geantwortet wird. Öfters ließ sich bei einem Spielversuch nicht erkennen, wer als erster geantwortet hat. Ein Schüler schlug vor, man solle sich erst melden; das würde dem Lehrer erleichtern festzustellen, wer der erste war. Auch mit der ursprünglichen Organisation des ‚Staffellaufes', bei der die Schnelligkeit gewertet wurde, waren die Schüler nicht einverstanden. Ihnen gefiel die Hektik nicht, die sich im Klassenzimmer entwickelte. Auf ihren Vorschlag wurde die Zeitmessung fallengelassen.
Situationen dieser Art sind in doppelter Weise sozial fruchtbar: Schüler erleben, daß die Regeln, nach denen gespielt und gelernt wird, verändert werden können und daß sie auf die Regelgestaltung Einfluß nehmen können. Wiederholen sich Situationen dieser Art und greift der Lehrer die Anregungen der Schüler dankbar auf, dann entwickeln Schüler ein Metho-

denbewußtsein, das sie befähigt, über Gestaltungsmöglichkeiten des Unterrichts nachzudenken und auch mitzubestimmen. So akzeptieren Schüler, daß das Vokabellernen kontrolliert werden muß. Wenn sie aber von der Vokabelarbeit, über Vokabel-Ketten bis zum ‚Staffellauf' verschiedene Kontrollmethoden kennengelernt haben, dann können sie selbst vorschlagen, nach welcher Methode am nächsten Tag das Vokabelpensum überprüft werden soll. Aus der Erfahrung, Verfahrensregeln ändern zu können, wächst die Bereitschaft, über die Planung des Unterrichts mitzubestimmen.

Es kommt dann vor, daß die Initiative für einen neuen Lesewettbewerb von den Schülern ausgeht (2.4.2 c), daß sie darüber mitbestimmen, wie die letzte Stunde vor den Ferien mit Jugendbuch, Quiz oder Spielkarten unterhaltsam gemacht werden kann oder ob wir es wagen sollen, eine Fabel einmal nachzuspielen. Die Anerkennung der Mitbestimmungs-Kompetenz von Schülern ist eine wichtige Zwischenstufe dafür, daß unter besonders günstigen Umständen Schüler dann auch einmal zusätzliche Mühen freiwillig auf sich nehmen, wenn es darum geht, größere Spielprojekte außerhalb des Unterrichts vorzubereiten (2.4.3 a).

Erst die häufige Wiederholung der Erfahrung, daß die vom Lehrer errichtete Ordnung des Unterrichtsablaufes geändert werden kann, läßt ein neues Verständnis des Schülers von sich, seinem Lehrer und der Schule entstehen: Der Schüler erfährt sich nicht als organisiertes ‚Objekt', sondern als Subjekt in seinem Lernprozeß. Ob ein Schüler zu dieser Autonomie gelangt, hängt natürlich nicht nur von Unterrichtsspielen ab. Aber eine Methodendifferenzierung fördert diese wünschenswerte Entwicklung.

3.3.3 Das Zusammenarbeiten

Die Fähigkeit, mit anderen zusammen spielen zu können, muß von einem Kind in seiner Entwicklung gelernt werden. Das

Regelspiel – und alle Lernspiele sind Regelspiele – setzt den ebenfalls den Regeln unterworfenen Mitspieler und die Herstellung sozialer Beziehungen voraus.[103] Das gemeinsame Spiel ist die Urform für das Zusammenwirken von Menschen. Innerhalb der Schule wird die Fähigkeit zum gemeinsamen Handeln und zur Zusammenarbeit außer im Fache Sport vor allem durch Gruppenarbeit weitergeübt.[104] Lernspiele sind unter sozialem Gesichtspunkt der Methode der Gruppenarbeit verwandt.
Das zeigt sich beim gemeinsamen Lösen eines Satz-Puzzles (2.3.2 c) oder bei in Gruppen durchgeführten Erkundungsspielen (2.6.2 b, c). Die Spieler müssen ihr Vorgehen untereinander abstimmen, sie machen Vorschläge, die von den anderen geprüft, angenommen oder abgelehnt werden. In den Gruppen muß jeder seinen Platz finden, mit dem er sich identifizieren kann: als Leiter, als Sprecher, als Ideenlieferant, als Experte usw. Die Übernahme einer anerkannten Rolle gelingt oft nicht. Deshalb ist die schwierige soziale Orientierung in einer Spiel- oder Arbeitsgruppe oft die tiefere Ursache für das Scheitern der Zusammenarbeit als die Schwierigkeiten auf der fachlichen Ebene. Wenn, wie beim Satz-Puzzle, eine Aufgabe gemeinsam gelöst werden muß, kommt es vor allem darauf an, dem anderen zu helfen, ohne ihn zu bevormunden, und andererseits sich helfen zu lassen, ohne seine Selbständigkeit preiszugeben.
Eine gruppeninterne Koordination ist auch in Wettkampfspielen nötig. Während eines Vokabel-Ping-Pongs muß der eigene Einfall zurückgehalten werden, wenn ein anderes Gruppenmitglied seinen Beitrag mitteilen möchte. Besonders ehrgeizige Schüler werden von eigenen Gruppenmitgliedern gebremst. Während der Wettkampfspiele fand ich folgende Beobachtung von LOTHAR KRAPPMANN bestätigt:

---

103 PIAGET, J.: Nachahmung, Spiel und Traum. – Stuttgart 1969, 183.
104 ERB, J.: Gruppenunterricht in den Alten Sprachen, 249.

„Gerade dann, wenn ein Spieler sich nicht in den Vordergrund rückt und sich an die Regeln hält, wird er die größte Aussicht auf Erfolg haben. Spieler, die ‚egoistisch agieren', verfallen schnell der Ablehnung ihrer Partner. Sie beurteilen sie moralisch als ‚irgendwie gestört' und wollen mit ihnen nichts zu tun haben".[105]

Die intensivste und vertrauensvollste Form der Zusammenarbeit sowohl zwischen den Schülern als auch zwischen Schüler und Lehrer erfolgt im darstellenden Spiel. Die Vorführung verlangt besondere Sensibilität für das Verhalten der Mitspieler, das Auftreten verlangt ein Klima des Vertrauens, das die Angst vor der Blamage beseitigt, und die längere Vorbereitung – falls es sich um ein Projekt handelt – verlangt die zuverlässige Erledigung der übernommenen Teilaufgaben.

3.3.4 Das Wetteifern

Alle Wettkampfspiele bestehen aus einem Leistungsvergleich. Es muß also eindeutige Kriterien und Meßverfahren geben, um die Ergebnisse der Wettkampfteilnehmer bewerten zu können. Bewertungen führen dazu, daß aus dem Wettstreit die einen in der Rolle des Siegers, die anderen in der Rolle des Verlierers hervorgehen. Wettkampfspiele stellen deshalb an die Schüler mehrfache soziale Anforderungen: Sie müssen lernen, erkämpfte Überlegenheit oder Unterlegenheit so zu verarbeiten, daß die sozialen Beziehungen zu den Mitspielern nicht belastet werden. Die zweite Anforderung bezieht sich auf das Beurteilungsverfahren: Die Schüler müssen lernen, gerechte Entscheidungen anzuerkennen und gleichzeitig damit fertig zu werden, daß es absolute Gerechtigkeit oft nicht gibt.
Das zweite Problem tritt nicht in Spielen wie Quartetten oder Würfelspielen auf. Die Leistung bzw. das Spielglück werden

---

105 Krappmann, L.: Soziale Kommunikation und Kooperation im Spiel und ihre Auswirkungen auf das Lernen. In: Daublebsky, B.: Spielen in der Schule. – Stuttgart 1977[5], 210.

durch den Verlauf des Spieles selbst kontrolliert. Wenn die Beurteilung aber von Beobachtungen des Spielleiters oder des Schiedsrichters abhängt, können Entscheidungsschwierigkeiten auftreten. So ist nicht immer eindeutig feststellbar, wer sich beim Wettstreit um ,Vokabel-Gutscheine' (2.1.2 e) als erster gemeldet oder wer bei einem ,Vokabel-k.o.' (2.1.4 b) als erster geantwortet hat. Auch in Lesewettbewerben kann die Leseleistung nur durch Personen beurteilt werden. Ungerechte Urteile des Lehrers zerstören die Wettkampffreude. Gelegentlich entscheidet der Lehrer aber auch subjektiv gerecht, während ein Schüler die Situation oder die Leistung anders bewertet. Es kann nun zu zwei wichtigen Verhaltensweisen kommen: Alle erfahren, daß der ,Schiedsrichter' (Lehrer) so souverän ist, daß er sich überzeugen lassen kann und seine Entscheidung korrigiert, oder der Schüler vertraut dem Gerechtigkeitssinn des Lehrers und verzichtet auf die Durchsetzung seines eigenen, subjektiven Urteils.
Auch Schülern kann das Amt des Schiedsrichters übertragen werden. Die Rolle zwingt sie zu besonders hoher Aufmerksamkeit, gute Entscheidungen stärken ihr Ansehen bei den Mitschülern, und sie erfahren am eigenen Leib, daß es einfach ist, gerecht sein zu wollen, oft aber schwer, es wirklich zu sein.
Wettkampfspiele in der Schule setzen immer ein Vertrauensklima voraus. Nur so bleibt allen gegenwärtig, daß bei allem Spieleifer nicht die Unterscheidung in Sieger und Verlierer, sondern das Spielen selbst entscheidend ist.
Und dennoch wäre es falsch, würde man den Erfolgswillen von Anfang an bremsen wollen. Die Gruppe, die mehrmals im ,Staffellauf' (2.1.4 d) in ,Formen-Schlachten' (2.2.2 c) oder beim ,Vokabel-Ping-Pong' (2.1.2 c) gewinnt, soll tatsächlich stolz sein und sich freuen. Diese Freude sollte vom Lehrer geteilt und auch gezeigt werden, während ein Herabsetzen oder Tadeln der ,Verlierer' nicht sinnvoll ist. Die Sieger müssen am Modellverhalten des Lehrers lernen können, daß die Freude über den persönlichen Erfolg oder den Erfolg der

eigenen Gruppe nicht zur aggressiven Beleidigung des Gegners führen darf.
In einer psychologisch schwierigeren Position befindet sich der Unterlegene. Kindern, Jugendlichen und auch Erwachsenen fällt es oft schwer, verlieren zu können. Spielsituationen in der Schule können helfen, mit ‚Niederlagen‘ fertig zu werden. Die soziale Kontrolle durch die Mitschüler zwingt eher dazu, destruktive Reaktionen zu unterlassen, die im vertrauteren Familienkreis unbeherrschter zum Ausbruch kommen. Niederlagen werden dann schwer erträglich, wenn sie sich zu einem die ganze Person betreffenden negativen Selbstwertgefühl erweitern. Hier kann der Lehrer auch gerade in Spielsituationen Differenzierungshilfe leisten: Niemand wird auf die Rolle des ‚Verlierers‘ oder des ‚Siegers‘ festgelegt.

4 Kritik am Lernspiel

Das Lernspiel ist keine unumstrittene Unterrichtsmethode. In der Literatur und in Gesprächen mit Kollegen werden oft drei kritische Fragen gestellt:

- Können Lernspiele überhaupt noch als Spiele angesehen werden (spieltheoretische Einwände)?
- Sind Spielmethoden überhaupt mit den Zielen des Lateinunterrichts vereinbar (didaktisch-pädagogische Einwände)?
- Steht der Zeitaufwand für das Spielen in einem angemessenen Verhältnis zum erzielten Lerneffekt (lernökonomische Einwände)?

Die Einwände sollen nun im einzelnen erklärt und erörtert werden.

4.1 Spieltheoretische Einwände

Maßgebende Spieltheoretiker sind sich darin einig, daß ein Hauptmerkmal des Spielens das ‚Moment der Freiheit' ist.[106] „Gespielt wird nur um des Spielens selber willen mit jenem ungezwungenen wie wohltuenden Grundgefühl des ‚Ich-muß-ja nicht'; wie man sich ja auch nur freiwillig dem Spielen hingeben kann."[107] Lernspiele sind aber Teil des Unterrichts, und der Unterricht ist eine Schulveranstaltung, an der teilzunehmen oder ihr fernzubleiben nicht in der Entscheidungsfreiheit des Schülers liegt.

In der Schule wird auch nie „um des Spielens selber willen gespielt". Es wurde an anderer Stelle hervorgehoben (Kap. 1.3, S. 9ff.), daß spielerische Verfahren nur dann einen Platz im Lateinunterricht haben, wenn sie im Dienste didaktischer Absichten stehen. Das Lernspiel erfüllt also nicht das

106 Scheuerl, H.: Zur Begriffsbestimmung von ‚Spiel' und ‚Spielen', 342.
107 Heckhausen, H.: Entwurf einer Psychologie des Spielens, 135.

Merkmal der Zweckfreiheit und Folgenlosigkeit für den übrigen Lebenszusammenhang. Denn auch in einer spielerischen Aufmachung verpackte Vokabelkontrollen üben auf die Schüler einen Druck aus, nicht hinter den Leistungserwartungen zurückzubleiben.

Der Einwand, daß im Begriff des Lernspiels im Grunde Unvereinbares zusammengedacht wird, ist durchaus berechtigt.[108] Aus der Kritik könnte man die Konsequenz ziehen, durch neue Erörterungen den Begriff ‚Lernspiel' spieltheoretisch vielleicht doch zu ‚retten', man könnte den Ausdruck ganz fallen lassen und das beschriebene Unterrichtsverfahren umbenennen, oder man gibt der bewußten Verwendung des Wortes ‚Lernspiel' einen praktischen Sinn. Das soll hier geschehen. Mit dem Begriff ‚Spiel' soll im Rahmen der Unterrichtsmethodik ein Ideal bezeichnet werden: das schulische Lernen als Spiel. Der Lehrer gewinnt aus diesem Ideal Maßstäbe für die Beurteilung eigener Unterrichtsplanung und -durchführung. Die Maßstäbe könnten zu folgenden Fragen veranlassen:

- Gelingt es, das Interesse am Lerninhalt selbst zu wecken und zu erhalten, so wie das Spiel aus sich heraus motivierend ist (vgl. Kap. 3.1, S. 47)?
- Gelingt es, die ganze Person im Lernprozeß anzusprechen, so wie im Spiel Verstand und Gefühl gleichzeitig beteiligt sind (vgl. Kap. 3.2, S. 56ff.)?
- Gelingt es, im unterrichtlichen Lernen gute soziale Beziehungen herzustellen, so wie anregende Geselligkeit Merkmal gemeinsamen Spielens ist (vgl. Kap. 3.3, S. 63ff.)?

Die praktische Konsequenz der spieltheoretischen Einwände sollte sein, daß spielerische Lernphasen grundsätzlich von Notengebungen freigehalten werden, daß Spielaktivitäten „zunächst und vor allem ein frohes Handeln" bleiben[109] und daß die A r t des Zusammenspielens genau so wichtig genommen wird wie der Inhalt der Lernspiele.

---

108 Reichert, W.: Zum Problem des Lernspiels. In: Unsere Schule 5 (1950), 715.
109 Amtmann, P.: Das Schulspiel, 34.

4.2 Didaktisch-pädagogische Einwände

Ist, so kann gefragt werden, das Lesen von Sätzen der neuen Sprache nicht reizvoll genug, so daß die Veranstaltung eines Wettbewerbs aus motivationalen Gründen überflüssig und sogar schädlich ist? Könnte es nicht sein, daß die agonalen Anreize die ursprüngliche Freude am Lesen zudecken? Vielleicht lenken spielerische Momente den Schüler von der eigentlichen Begegnung mit der lateinischen Sprache ab. So mag die Produktion und Darstellung kleiner Spieltexte amüsant sein, aber ist es nicht vielmehr Ziel des Unterrichts, Schüler an authentische lateinische Texte heranzuführen und ihnen die Freude am Verstehen der neuen Sprache zu vermitteln? Wird durch die Spielmethodik Latein nicht zu einem Fach, dessen mögliche Fehlentwicklung FRIEDRICH MAIER so beschreibt:

> „Ein Fach, das sein Ziel nur darin sieht, die Schüler zu gewinnen und bei der Stange zu halten, kommt einem vor wie ein Verkehrsunternehmen, das mit einem raffiniert und luxuriös ausgestatteten Reisezug Interessenten für eine Vergnügungsfahrt wirbt, diese aber letztlich an kein Reiseziel bringt."[110]

Es kann auch der Verdacht aufkommen, daß der sachferne Motivationsaufwand, wie er durch Lernspiele betrieben wird, dem Eingeständnis gleichkommt, daß die Sache selbst, um die es im Lateinunterricht geht, nur wenig motivierend ist. Müssen Affen und Bären anrücken, Vokabelkärtchen und Wettkampfpreise angeschafft werden, um das grundsätzliche Motivations-Dilemma zu überspielen, daß Latein mit der außerschulischen Wirklichkeit des Kindes einfach nicht in Verbindung zu bringen ist und daß deshalb dem Schüler auch der Nutzen seiner Lernanstrengungen weder für die Gegenwart noch für die Zukunft einleuchten kann?
Man bleibt, so kann man weiter einwenden, den Schülern eine Erfahrung schuldig, wenn man ihnen durch spielerische Ein-

110 MAIER, F.: Probleme des Anfangsunterrichts. In: Mitteilungsblatt für Lehrer der Alten Sprachen in Schleswig-Holstein 11 (1979), H. 3–4, 19.

kleidungen die Gelegenheit nimmt, sich in der Auseinandersetzung mit sachlich philologischen Anforderungen zu bewähren. Diese Unterlassung scheint doch begangen zu werden, wenn die Übungen zur Formenbildung und -analyse, wenn Satzgliedbestimmungen und der Prozeß des induktiven Verstehens von Kasusfunktionen umgewandelt werden in einen lustigen ‚Wechselgesang', in den Auftrag zur ‚Entschlüsselung eines Geheimcodes' und in ein kindliches Kasperltheater, dessen Hauptakteure ein Holzaffe mit unproportionierten Gliedmaßen und ein Bär sind, dessen nach dem ‚Kindchenschema' geschnitzter Kopf rührselige Gefühle weckt (2.2.1 a; 2.4.3 a). Hat Horst Helmut Wetterling nicht recht, wenn er schreibt: „... wir sollten dem Kinde gegenüber die Tugend der Sachlichkeit durch nüchterne Anforderungen wecken und kräftigen."[111]?

Die Kritik geht noch weiter. Durch Einkleidung und Verhüllung von Anforderungen nimmt man den Leistungswillen der Schüler nicht ernst, täuscht sie über die wahren Absichten des Unterrichts und schafft eine ‚erlogene Situation'.[112] „Ich meine", schreibt Wetterling, „wir sollten jede ‚Einkleidung' und jede List in der erzieherischen Begegnung als unwahrhaftig hassenlernen."[113] Auch Otto Friedrich Bollnow hält den Vorwurf der Unehrlichkeit in diesem Zusammenhang für „nicht ganz unberechtigt."[114]

Die vorgetragene Kritik läßt sich in vier Behauptungen zusammenfassen:

- Die scheinbar motivierenden spielerischen Einkleidungen verstellen die eigentlichen Ziele des Lateinlernens.
- Lernspiele bewirken keine intrinsische, sondern eine extrinsische Motivation.

---

111 Wetterling, H. H.: Kritische Bemerkungen zum ‚Lernspiel'. In: Unsere Schule 5 (1950), 592.

112 Reichert, W.: Zum Problem des Lernspiels, a.O. (s. Anm. 3), 716.

113 Wetterling, H. H., a.O. (s. Anm. 111), 592.

114 Bollnow, O. F.: Vom Geist des Übens. – Freiburg 1978, 16.

- Lernspiele verhindern die Auseinandersetzung mit sachlichen Forderungen.
- Lernspiele verletzen das pädagogische Gebot der Ehrlichkeit im Umgang mit Schülern.

Alle vier Einwände gründen auf didaktischen und pädagogischen Normen, die anerkannt sind. Spielformen müssen wie alle Methoden des Unterrichts ein Mittel, nicht Selbstzweck des Unterrichts sein (vgl. Kap. 1.3, S. 9); intrinsische Motivationsformen sind wertvoll, weil sie das Interesse am Fach unabhängig machen vom Lehrer und der Lernsituation; Schüler müssen in unserer wissenschaftlich-technologischen Zeit an die Herausforderungen durch sachliche Belastungen herangeführt werden; selbstverständlich ist Ehrlichkeit eine alle Pädagogen bindende Grundnorm.

Die vier Kritikpunkte zeigen Gefahren auf, die eintreten können, wenn eine gute Sache, in diesem Fall eine vielseitige Unterrichtsmethode, zu häufig verwendet und damit mißbraucht wird. So wie der Gruppenunterricht nicht den vom Lehrer gelenkten Lernprozeß, wie das Sprachlabor nicht das Buch, der Test nicht die herkömmliche Klassenarbeit verdrängen und ersetzen soll, so soll auch das Lernspiel nicht die direkten Übungen der Formenbildung, die Verwendung von Lernprogrammen oder die Bearbeitung der Übungsaufgaben des Lehrbuches überflüssig machen. Viele Befürchtungen werden gegenstandslos, wenn man das Lernspiel nicht verabsolutiert.[115] Spielerische Unterrichtsverfahren erzielen ihre Wirkung gerade im Wechsel mit anderen Methoden.

Der generelle Hinweis auf die Sentenz *abusus non tollit usum* ersetzt noch nicht die Auseinandersetzung mit den vier Einwänden im einzelnen.

Es ist in der Tat verhängnisvoll, wenn eine Methode, mag sie noch so viel Spaß machen, die klare Zielorientierung des

115 Darauf weist ausdrücklich auch hin Steinhilber, J.: Medienhandbuch zum Lateinunterricht, 75.

Faches untergräbt.[116] Dann tritt ein, was MAIER so beschreibt: „Das Fach verliert seine Grundlage, wenn Asterix, Briefmarken, Sport, Spiel, Rätsel, Quiz u. ä. den Unterricht überwuchern. Motivation wird dann zum Ziel schlechthin."[117] Gegen die Ablenkung von den eigentlichen Aufgaben des Lateinunterrichts hilft nur die reflektierte Überzeugung des Lehrers, daß das, was im Zusammenhang der Alten Sprachen gelernt werden kann, tatsächlich lernenswert ist. Es muß allerdings auch daran erinnert werden, daß es im Lateinunterricht nicht nur um philologische Lernziele geht. Spielen hat seine Bedeutung auch in Bezug auf die affektiven und sozialen Lernziele der Schule (vgl. Kap. 1.3, S. 10 und Kap. 3.3, S. 63f.).

In jedem Unterrichtsfach müssen Dinge gelernt werden, die einfach harte Arbeit sind und inhaltlich wenig Anreiz bieten. Dazu gehört im Lateinischen das Vokabel- und Formenpauken. Wenn es um die Steigerung des Fleißes und um die Erleichterung des Übens geht, dann sollte man im Interesse des Schülers, vor allem des jüngeren Schülers, nicht mehr so puristisch qualifizieren zwischen ‚intrinsischer' und ‚extrinsischer' Motivation, so wie das im zweiten Einwand geschieht. Diese Gedächtnisarbeit begeistert in der Regel keinen Schüler. Deshalb sollte man auch keine Bedenken haben, dem kinderfreundlichen Ratschlag des COMENIUS zu folgen: „Deshalb muß man I. den Wissens- und Lerneifer der Knaben auf jede mögliche Weise entzünden. II. durch die Lehrmethode die Mühe des Lernens verringern, daß nichts dem Schüler mißfalle und von weiteren Studien abschrecke."[118] Trotz aller Spielmethodik ist das Ziel, das COMENIUS vorschwebt, wohl kaum zu erreichen. Er regt an, „... mit ernsten Studien die Jugend in der Schule so zu beschäftigen, daß sie daran kein geringeres Vergnügen findet, als wenn sie den ganzen Tag mit Nüsseschie-

116 Über die Bedeutung des Satzes „vom Primat der zielorientierten Inhaltsentscheidungen" im Verhältnis zur Methodenwahl schreibt KLAFKI, W.: Zum Verhältnis von Didaktik und Methodik. In: Z. f. Päd. 22,1 (1976), 81.

117 MAIER, F., a.O. (s. Anm. 110), 19.

118 COMENIUS, J. A.: Große Didaktik, 99.

ßen hinbrächte. So erst werden die Schulen ein Vorspiel (praeludia) des Lebens."[119]

Wenn es gelegentlich gelingt, „die Mühen des Lernens zu verringern", dann wird auf den Leistungsanspruch ja nicht verzichtet. Es ist ein Mißverständnis zu glauben, das Spielen würde zur Spielerei. Wenn das eintritt, dann hat der Lehrer in der Organisation des Lernspieles etwas falsch gemacht. Die Bewältigung der Sache, das muß auf den dritten Einwand erwidert werden, bleibt auch im Spiel die Hauptaufgabe. Die Vokabeln müssen gelernt werden, auch wenn mit dem Gewinn eines ‚Gutscheines' gelockt wird; die Kasusendungen muß der Schüler sich einprägen, auch wenn er es in diesem Augenblick tut, um in der nächsten ‚Formen-Schlacht' für seine Gruppe einen Pluspunkt zu erkämpfen. „Das Spiel ist nicht Aufhebung, sondern Verwandlung der Anforderungen. Die Anstrengung wird dem Kind nicht bewußt – der bewältigte Gegenstand dafür um so mehr."[120]

Der vierte pädagogische Einwand, der Vorwurf der Unehrlichkeit im Umgang mit Schülern, ist nur dann berechtigt, wenn die Schüler den Sinn des gemeinsamen Spielens und der gemeinsamen Anstrengung nicht erfahren *sollen*. Wenn ein Schüler nicht weiß, warum diese oder jene Übung gemacht wird, und es wissen will, dann ist die Aufrichtigkeit des Lehrers gefragt. „Die Leistung, die das Kind faktisch vollbringt, bleibt mit oder ohne Spiel dieselbe", sagt SCHEUERL. „Nur das Motiv, um dessentwillen sie vollbracht wird, ist verschoben. Da aber das Kind dabei weder um seine Leistungen noch um seinen Lohn, die Spielfreude, gebracht wird, ist nicht einzusehen, was bei alledem noch verwerflich oder verlogen sein sollte."[121] Im sozialen und affektiven Bereich ist es sogar wichtiger, daß der Schüler im Unterricht positive Erfahrungen macht, als die Planungsüberlegungen des Lehrers ‚im Kopf' zu haben.

---

119 COMENIUS, J. A., a.O. (s. Anm. 118), 132.
120 VON HENTIG, H.: Platonisches Lehren, Bd. I. – Stuttgart 1966, 305.
121 SCHEUERL, H.: Das Spiel, 216.

4.3 Lernökonomische Einwände

Es mag sein, daß die Vokabelkontrolle im Rahmen eines ‚Staffellaufes' unterhaltsamer ist als das direkte Abfragen durch den Lehrer; es ist auch verständlich, daß die Wiederholung der Stammformen durch ein Quartettspiel mehr Spaß macht, als wenn der Lehrer einzelne auffordert, die Stammformen von *vincere, vincire, vivere* und *videre* zu nennen. Aber ebenso klar ist, daß der ‚Staffellauf' vielleicht zehn Minuten, das konventionelle Abfragen fünf Minuten, das Stammformen-Quartett mindestens 20 Minuten, die Wiederholung desselben Stammformen-Pensums wiederum nur die Hälfte der Zeit beansprucht. Unterrichtliches Lernen findet nicht in einem Freiraum statt. Deshalb hat der Lehrer die Verantwortung, daß die im Lehrplan vorgeschriebenen Lernziele in einem angemessenen Zeitaufwand erreicht werden. Ist es aber noch angemessen, durch ein Spiel die Polysemie des Wortes *ubi, cum* oder *altus* wiederholen zu lassen, während dasselbe Ergebnis auch dadurch erreicht werden könnte, daß die Vokabeln und ihre unterschiedlichen Bedeutungen übersichtlich an die Tafel geschrieben werden (2.1.3 c)? Warum muß erst eine Abenteuergeschichte von Tom Sawyer und dessen Floß erzählt werden, um den Schülern die Funktion des ‚ablativus instrumentalis' zu erklären (2.3.1 b)?

Werden im Quartett-Spiel die Stammformen überhaupt wiederholt? Vertieft das Nachspielen der Geschichte vom Bauern und seinen vier Söhnen tatsächlich das Inhaltsverständnis (2.5.2 a), oder werden solche Spielereien nicht eher als lustiger Klamauk erlebt, der den Schülern eine willkommene Arbeitspause verschafft? Diese kritische Nachfrage zielt in das Zentrum jeder Methodenprüfung: Wird überhaupt gelernt, was zu lernen beabsichtigt ist? Eine Methodenkonzeption wie die des Lernspiels ist nicht schon deshalb gut, weil ihre Ziele vernünftig sind. Lernverfahren müssen nach den Ergebnissen beurteilt werden, die mit ihnen erreicht werden.

Auf den Unterschied zwischen Absicht und Wirkung macht DIRK HUISKEN in einem fingierten Gespräch über das Lernspiel aufmerksam:

„Die Grundsätze und Ziele erziehlicher oder unterrichtlicher Art, die Sie im Auge haben, sind ja im großen und ganzen richtig. Sie werden aber durch die meisten Lernspiele gar nicht verwirklicht."[122]

Es ist schwer, die Effektivität einer Unterrichtsmethode zu überprüfen.[123] Es soll hier nicht der Versuch gemacht werden, die kritische Frage, ob durch Lernspiele tatsächlich gelernt wird, zu beantworten. Die Frage selbst hat ihren Sinn. Sie fordert alle Lehrer zum ständigen selbstkritischen Nachdenken darüber auf, ob die von ihm bevorzugte Methode lerneffektiv ist.

Das Verhältnis von Lernergebnis und Lernzeit soll nun noch genauer unter die Lupe genommen werden. Es ist richtig, daß gewisse Lernspiele aus folgenden Gründen einen im Vergleich zu konventionellen Lernmethoden höheren Zeitaufwand erfordern:

- Der Lehrer ist durch die Bereitstellung von Spielmaterial zusätzlich belastet. Im Unterricht kostet es Zeit, Spielmaterial zu verteilen und später wieder einzusammeln.
- Man braucht Zeit, um die Spielregeln zu erklären.
- Man braucht Zeit für die Einteilung von Gruppen, für die Auswertung und Bekanntgabe von Ergebnissen.
- Darstellende Spiele führen zur Trennung der Schüler in Akteure und passives, in dieser Zeit nicht lernendes Publikum.

---

122 HUISKEN, D.: Gespräche über den Wert der Lernspiele. In: Westermanns Pädagogische Beiträge 4 (1952), 573.

123 JÜRGEN STEINHILBER hat eine Untersuchung zur Effektivitätskontrolle von Lernspielen in Berlin durchgeführt. Er kam zu dem Ergebnis, „daß der Einbezug von Spielen in den lateinischen Anfangsunterricht zu besseren Lernergebnissen als ein Unterricht ohne didaktische Spiele führen kann" (Didaktik des Spiels im Fremdsprachenunterricht. – Frankfurt 1982, 136).
Der kurze Beobachtungszeitraum von STEINHILBERS Untersuchung von acht Unterrichtsstunden und die beschränkte Auswahl von Lernspielformen läßt eine weitergehende positive Interpretation und eine grundsätzliche Ausräumung von Effektivitätsbedenken nicht zu.

– Spielen bewirkt Ausgelassenheit und Heiterkeit. Man muß Übergangszeiten einräumen, um von dieser Stimmungslage wieder zum konzentrierten Lernen zu kommen.

Andererseits muß eine kritische Prüfung der Lernökonomie folgende Überlegungen berücksichtigen:

– Die Effektivität und Ökonomie hängt im großen Maße von dem richtigen Einsatz der Lernspielmethode ab. Organisationsfehler bewirken, wie bei allen Methoden, Ineffektivität (vgl. Kap. 6, S. 86ff.).
– Es gibt nicht ‚das' Lernspiel. Gewisse Spielformen beanspruchen mehr, gewisse Spielformen sogar weniger Zeit als andere Verfahren. Ein ‚Vokabel-Ping-Pong' (2.1.2 c) führt z. B. innerhalb kürzester Zeit zu einer umfassenden Vokabelsammlung, die dann für weitere Wiederholungsübungen zur Verfügung steht.
– Der Zeitaufwand muß im Horizont des gesamten Lernzielspektrums beurteilt werden (vgl. Kap. 1.3, S. 10). Wenn durch ein Nachspielen die Einsicht ‚Einigkeit macht stark' vertieft und durch die Spielmethodik die Entwicklung eines Methodenbewußtseins bei Schülern gefördert wird (Kap. 3.3.2, S. 65f.), dann sind Lernspiele keine ‚Zeitverschwendung', auch wenn eventuell zwei Lehrbuchlektionen weniger im Schuljahr durchgenommen werden.
– Der höhere Zeitaufwand für die Organisation kann durch die größere Intensität des Lernens bei der Ausführung des Spieles selbst wettgemacht werden.
– Das lernökonomische Prinzip ist ein wichtiges Kriterium der Methodenbeurteilung. Aber gleichzeitig ist es gerade die Aufgabe des Spielens, das schulische Lernen vor der Verabsolutierung dieses Prinzips zu schützen: Lernen in der Schule ist keine Akkordarbeit, sondern ein Stück gemeinsames Leben von lernenden Menschen.

5 Anthropogene und gruppendynamische Voraussetzungen des Lernspiels

Ein Erfolg von Lernspielen hängt sehr von den Personen ab, die nach ihr lehren und lernen. Dasselbe Lernspiel kann in der einen Klasse begeisterte Aktivitäten, in einer anderen Unlust und Verweigerung hervorrufen. Es können eine Reihe persönlicher Voraussetzungen der Schüler und des Lehrers und einige emotionale Bedingungen innerhalb der Lerngruppe genannt werden, die für die Spielmethode von entscheidender Bedeutung sind.

5.1 Anthropogene Voraussetzungen des Schülers

Bei der Auswahl von Spielmethoden muß vor allem das Alter und der damit verbundene geistige und psychosoziale Entwicklungsstand der Schüler berücksichtigt werden. Zweifellos haben die meisten Spiele ihren natürlichen Platz in den Klassenstufen, in denen Schüler noch kindliche Verhaltensmuster zeigen, also etwa bis zur 7. Klasse. Das Spielverhalten von Quartanern ist schon anders als das von Sextanern. Während Sextaner noch so im Spiel aufgehen können, daß der Anlaß des Lernspiels fast in Vergessenheit gerät, spielen Quartaner distanzierter: Trotz ‚Holzpuppen' und ‚Gutscheine' bleibt ihnen das Ziel des Spektakels bewußt, und sie können sich leichter von einem Lernspiel auf andere Aktivitäten des Unterrichts umstellen. Sextaner können sich gelegentlich vom Spiel nicht trennen.
Am Ende der 7. und in der 8. Klasse, wenn die Schüler den Wechsel von der Rolle des Kindes in die des Jugendlichen ausprobieren und einüben, haben diese Methoden ‚ausgespielt', die zu sehr mit der Kinderrolle assoziiert werden. Mit zunehmender Übersetzungskompetenz rücken die Texte und ihre Inhalte immer mehr in den Mittelpunkt. Man sollte nun

anfangen, alle Spielarten der szenischen Interpretation (vgl. 2.5) und der kreativen Aufgabenstellungen für die Texterschließung zu entdecken. Das Theaterspiel (der Film) bleibt auch für Jugendliche faszinierend.
Eine zweite wichtige Spielvoraussetzung ist die Leistungsfähigkeit einer Klasse und von Schülern. Spiele können schwächeren Schülern eine Hilfe sein: Dazu gehören die Methoden, die etwas veranschaulichen oder Bewegung, Entspannung und die Möglichkeit zur Gruppenarbeit bieten. Meistens ist es aber so, daß Spiele den leichter Lernenden zum Vergnügen werden. Sie haben Ideen und die Sprachsicherheit für Gestaltungsaufgaben. In Wettbewerben können sie schneller reagieren. Insgesamt fand ich die Beobachtung von SCHEUERL bestätigt:

„Spiel hat mit ‚Geist' zu tun. So setzt auch spielendes Lernen den aufgeweckten Lernenden voraus, der aufgrund aller Vorkenntnisse und Fertigkeiten, über die er schon verfügt, die Struktur des zu Erlernenden mit der Struktur des schon Beherrschten auf Anhieb in Beziehung zu bringen versteht. Der Intelligente, Aufgeweckte versteht nicht nur überhaupt besser zu spielen als der Schwerfällige, sondern er versteht es auch besser, das Lernen zum Spiele zu machen."[124]

Man muß also darauf achten, Schüler und Klassen, denen das Lernen schwerer fällt, durch zusätzliche Regeln einer neuen Methode nicht zu überfordern. Überforderung verhindert die Entwicklung von Spielfreude. Gerade diesen Schülern schadet ein Zuviel an Variationen mehr, als daß sie ihnen nützen. Kein noch so reizvolles Spiel hebt die Notwendigkeit der einfachen und den Schülern bekannten Übungsformen auf.

5.2 Anthropogene Voraussetzungen des Lehrers

Der eigene Beitrag des Lehrers zur erfolgreichen Durchführung von Lernspielen beschränkt sich nicht auf seine Organisationsleistungen (Kap. 6, S. 86ff.). Seine eigene Freude am Spielen ist der Schlüssel für den Erfolg dieser Methode. An

124 SCHEUERL, H.: Das Spiel, 188f.

seiner Person können die Schüler beobachten, wie die Lust am Spielen und die Konzentration auf eine Sache zu einer Handlung zusammenfließen können. Wenn der Lehrer selbst mit Witz und guter Laune mit Holztieren hantiert, macht er den Schülern Lust und Mut, einmal selbst zu experimentieren (2.3.3 a). Die eigene Begeisterung beim Vorlesen eines Dialogs schafft Begeisterung für eine Kassetten-Aufnahme durch den Schüler (2.4.2 c), sein eigenes konzentriertes Mitmachen beim Bilden von ‚Ketten' oder ‚Bandwürmern' (2.2.2 a, e) stärkt die Konzentration in den Schülern. Freude auch an den geplanten oder ungeplanten lustigen Begleiterscheinungen des Spielens und die Bereitschaft zum Miterleben sind Ausdruck der Spielfähigkeit des Lehrers.
Eine ebenso wichtige Voraussetzung ist die Toleranz des Lehrers, mit der er das durch das Spiel bedingte Schülerverhalten akzeptieren kann. Wettkampfspiele führen gelegentlich zum Streit um Punkte; Gruppenspiele lassen den Geräuschpegel in der Klasse höher steigen, als es in einem geordneten Frontalunterricht der Fall ist; das Verteilen und Einsammeln von Spielmaterial ist oft mit einem gewissen ‚Leerlauf' verbunden, der in einer straffen Unterrichtsführung sonst nicht auftritt. Wenn Begleiterscheinungen dieser Art den Toleranzspielraum des Lehrers überschreiten, dann ist diese Lernform nur mit Vorsicht einzusetzen. Statt gemeinsamer Freude entstehen dann Ärger und Enttäuschung – zuerst beim Lehrer, dann bei den Schülern. Horst Schiffler hat recht, wenn er sagt:

> „Spiel kann nicht gebraucht werden, wie ein methodisches Versatzstück. Wer es einsetzt, muß selbst beteiligt sein, beteiligt in dem Sinne, daß er das Bewußtsein, das es beim Spielenden auslöst, versteht und gutheißt. Er muß selbst spielfähig sein".[125]

Spielsituationen erfordern vom Lehrer einen anderen Führungsstil als im Frontalunterricht. Sonst ist er es gewohnt,

---

125 Schiffler, H.: Schule und Spielen. Workshop Schulpädagogik: Materialien 19. – Ravensburg 1976, 4.

Fragen zu stellen, die Antworten zu bestätigen oder zu korrigieren, immer bereit zu sein, neue Impulse und Hilfestellungen zu geben. Spiele wie ‚Satzlawine' (2.3.2 d), ‚Kettenbildungen' oder alle Gruppenspiele erfordern ein scheinbar paradoxes Lehrerverhalten: Der Lehrer hält sich zurück, um das Spielgeschehen nicht zu stören, er greift ein, wenn das Spielgeschehen ins Stocken gerät. Er muß also aktiv und passiv sein, ganz gegenwärtig und doch zurückgenommen. Die Zurückhaltung wird besonders wichtig im darstellenden Spiel. Eine Gruppe entwickelt keinen Mut, originelle Einfälle zu nennen, neue Ideen weiterzudenken, sich spielend vor den Mitschülern zu bewegen, wenn sie sich ständig vom Lehrer kontrolliert und beurteilt fühlt. So wichtig die Zurückhaltung ist, so wichtig ist es auch, innerlich – manchmal auch helfend, klärend, anregend – am Geschehen beteiligt zu bleiben.
Eigene Spielfreude, Toleranz und die Fähigkeit, Führung und Zurückhaltung im Gleichgewicht zu halten, sind die persönlichen Voraussetzungen des Lehrers für Spielmethoden – Voraussetzungen, die auch durch Spielerfahrungen erworben werden können.

5.3 Gruppendynamische Voraussetzungen

Spielmethoden verändern die Situation im Klassenzimmer: Die Kontrollfunktion des Lehrers nimmt ab, die Aktivität und Selbststeuerung der Schüler nehmen zu. Die neue Ordnung setzt ein spannungsfreies, vertrauensvolles und stabiles Verhältnis zwischen dem Lehrer und der Klasse und innerhalb der Klasse voraus.
Spannungen bewirken, daß sich Lehrer oder Schüler angegriffen fühlen und deshalb besonders mißtrauisch und vorsichtig sind. Schüler, die befürchten, von Mitschülern lächerlich gemacht oder vom Lehrer herabgesetzt zu werden, werden nicht aus sich herausgehen. Auch der Lehrer wird es unterlassen, mit

Stimme, Gestik und Mimik zu spielen und sich lockerer zu geben, wenn er damit rechnen muß, daß Schüler sich darüber lustig machen. Nur in Klassen, in denen Schüler und Lehrer sich emotional sicher und anerkannt fühlen, kann gespielt werden. Denn es ist zutreffend:

„Was mit Leib und Seele vollzogen wird, setzt immer innere Beteiligung voraus. Wo sich aber der ganze Mensch engagiert, trifft ihn ein falscher Ton, ein überhebliches Lachen, eine selbstgefällige Kritik härter als dort, wo er sich nur äußerlich beteiligt."[126]

Die neue Ordnung des Spielens verlangt Vertrauen auch in einer anderen Hinsicht. Spiele gelingen nur, wenn ihre Regeln eingehalten werden. Vorhandene Spannungen können sich leicht in der Weise Luft machen, daß die Regeln sabotiert werden. Dann ist ein konzentriertes Lernen und Spielen nicht mehr möglich. Das Vertrauen in den Willen der Klasse, überhaupt konstruktiv mitzuspielen, ist unerläßlich. Man sollte auch nicht den Versuch machen, durch methodischen Aufwand Probleme auf der Beziehungsebene ‚überspielen' zu wollen. Spiele sind kein Ersatz für notwendige Klärungen in Gesprächen und vor allem kein Mittel, Konflikte zu lösen.

Im allgemeinen sollten Spielmethoden nur in Klassen verwendet werden, in denen sich Lehrer und Schüler gegenseitig kennen. Es ist einfacher zu spielen, wenn eine festgeformte soziale Beziehung schon besteht.[127] Die Schüler sollten keinen Zweifel an dem zielorientierten Handeln des Lehrers haben. Bei einem solchen Lehrerbild werden freiere Formen des Lernens nicht als unverbindliche Spielerei mißverstanden.

Spielmethoden setzen ein spannungsfreies, vertrauensvolles und stabiles Verhältnis zwischen den Spielpartnern und dem Lehrer voraus. Gute Lernspiele können ein positives Verhältnis stärken, sie können aber die Ursachen für ein gestörtes Verhältnis nicht beseitigen.

---

126 Amtmann, P.: Das Schulspiel, 34.

127 Es gibt aber auch Lernspiele, die durchaus für Vertretungsstunden in fremden Klassen geeignet sind: Kreuzworträtsel, Silbenrätsel, ‚Satz-Schaltbrett' usw.

6. Praxis der Spielorganisation

6.1 Auswahl der Spiele

Die Planungsüberlegungen für den Einsatz von Lernspielen sind dieselben wie bei anderen Methoden auch: die Frage nach den Zielen und Inhalten der Stunde, nach den benötigten Medien (Habe ich ein ‚Satz-Schaltbrett' noch im ‚Vorrat' oder müßte ich noch extra eines anfertigen?), Zeiterwägungen, anthropogene und motivationale Rücksichten usw. Im Bereich der beiden zuletzt genannten Punkte unterlaufen die meisten Fehlentscheidungen, indem Spiele ausgewählt werden, die nicht altersgemäß oder zu schwer bzw. zu leicht sind.
Es gibt keine festen Regeln zum Zusammenhang von Altersstufe und Methode. Die beste Entscheidungshilfe ist das durch Erfahrungen geschulte Einfühlungsvermögen des Lehrers. So gibt es z. B. Entwicklungsphasen von Jugendlichen, in denen es verpönt ist, sich vor den Karren eines Wettkampfes spannen zu lassen. Diese Haltung tritt in Zeiten der neuen Distanzierung von allem auf, was zu sehr an Schule erinnert. Dann sollte der Lehrer auf dieses Prinzip verzichten. Die ‚Formenketten' können trotzdem gebildet werden, aber ohne Anfeuerung durch ‚Rekordmeldungen' (2.2.2 a). Auch die Namen mancher Übungen, die in Quarta als lustig empfunden wurden, werden würdige Obertertianer als kindisch bespötteln. Diese Gefühle sind zu respektieren! Es bleibt eine Kunst, den positiven Möglichkeiten des Spielerischen in den verschiedenen Erscheinungsformen (Freiheit, Engagement, Spaß, Kreativität) in jeder Altersstufe neu einen Platz im Unterricht zu verschaffen.
Auch die Über- oder Unterforderung wird oft erst im Unterricht selbst festgestellt. Die Überforderung wird meistens nicht durch den Inhalt der Lernübung verursacht, sondern durch den Modus seiner Durchführung (zu wenig Zeit, zu viele unbekannte Spielregeln). Unterforderung tritt z. B. ein, wenn

Schüler des dritten Lateinjahres ein Rätsel lösen sollen, das ursprünglich für das erste Lateinjahr konzipiert wurde.
Eine andere Ursache der Unterforderung ist voraussehbar und vermeidbar. Es gibt Lernspiele mit Einzelakteuren, die der großen Menge gegenüberstehen: im ‚Wechselgesang', bei ‚Allein gegen alle', beim ‚Lesespiel' und natürlich in allen Formen der Darstellung einer Szene vor der Klasse. Das passive, unterforderte ‚Publikum' muß beschäftigt werden, indem ihm Kontrollfunktionen, das Amt des Schiedsrichters oder die Rolle eines ‚Theaterchores' übertragen werden. Eine Möglichkeit ist es auch, ‚Höraufträge' zu stellen, durch die das Auswertungsgespräch im Sinne von REIMER BULL vorbereitet wird: „Was die einen darstellen, ist Gesprächsgrundlage für die anderen. Spiel und spielauswertendes Gespräch sind eine didaktische Einheit."[128]
Unterforderung macht konzentriertes Nachdenken überflüssig, an seine Stelle tritt Albernheit; Albernheit aber macht aus dem Lernspiel eine Spielerei und einen Klamauk, der in Unzufriedenheit und Unlust umschlägt. Überforderung bewirkt Unsicherheit, Unsicherheit führt zur Verkrampfung bei der Anstrengung oder zur Resignation. In keinem Fall stellt sich die angestrebte Spielfreude ein. Deshalb sollten Lernspiele – wie alle schulischen Aufgaben – möglichst von einem mittleren Schwierigkeitsgrad sein.

6.2 Erklärung der Spiele

Bei einem ‚Vokabel-Ping-Pong' (2.1.2 c) kann es zu folgender Situation kommen: Beim Sammeln von Deponentien der a-Konjugation nennt Schüler A der 1. Mannschaft *hortari*, Schüler B derselben Mannschaft ruft gleich hinterher *versari*. Ein schlaues Mitglied der 2. Mannschaft brüllt nun seinerseits *versari* – zur Freude seiner Mannschaft, zum Ärger der

---

128 BULL, R.: Lerneffektives Spiel im Unterricht. Wegweiser für die Lehrerfortbildung, Bd. 69 (hrsg. vom Kultusministerium Schleswig-Holsteins). – Kiel 1971, 60.

1. Mannschaft, weil Schüler B ein Wort ‚verschenkt' hat. Er selbst protestiert: Er habe nicht gewußt, daß die Wörter immer nur im Wechsel mit der Gegenpartei genannt werden sollen. Oder eine andere Situation: Es wird eine ‚Satzlawine' (2.3.2 d) gebildet. Schüler A schreibt das Wort *bonus* an die Tafel, Schüler B fügt *vir* dazu, Schüler C notiert *bona*. Darauf fordern einige, das Wort *bona* müsse weggewischt werden, ein Verb müsse erst aufgeschrieben werden. Andere widersprechen. Ein Streit um die Spielregeln der ‚Satzlawine' entbrennt.
In beiden Beispielen hatten nicht alle Schüler die Spielregeln ganz verstanden. Während im ersten Fall Ärger und die Enttäuschung nur bei einem Mitspieler entstanden, waren die Folgen im zweiten Fall tiefergehend: Der Spielfluß wurde unterbrochen, die Gemüter erhitzten sich und der Lehrer brauchte Zeit, um die Wogen zu glätten und Klarheit zu schaffen. Beide Spielunterbrechungen hätten vermieden werden können, wenn der Lehrer die Regeln zu Beginn genau erklärt hätte. Darin besteht eine seiner wichtigsten spielorganisatorischen Aufgaben. Eine gründliche Erklärung benötigt zwar Zeit, aber sie erspart Störungen und Konflikte. Bei der Wiederholung desselben Lernspiels ist dieser Zeitaufwand dann ja nicht mehr nötig.
Das Erklären kann abgekürzt werden, indem man statt vieler Worte einfach mal anfängt und am ‚Probedurchgang' die Spielregeln erläutert. Es folgt ein zweiter ‚Probedurchgang', vielleicht sogar ein dritter. Der empfiehlt sich vor allem dann, wenn es sich um ein Wettkampfspiel handelt. Sobald Punkte vergeben werden, reagieren Schüler noch aggressiver, wenn sie Nachteile haben, weil das Spiel nicht richtig erklärt wurde. Oft ist es sogar angebracht, das agonale Prinzip erst bei einer späteren Spielgelegenheit zur Geltung kommen zu lassen.
Spiele, die sich bewähren, werden im Verlauf des Schuljahres wiederholt. Daher lohnt es sich, jedem Lernspiel einen Namen zu geben. Es können auch selbst lustige Namen für Spielformen erfunden werden. In Zukunft weiß dann die Klasse sofort, wie

sich jeder bei einem ‚Vokabel-Ping-Pong' oder bei einer ‚Satzlawine' zu verhalten hat. Der konsequente Gebrauch der Namen vereinfacht die Verständigung und hilft, Zeit zu sparen. Besondere Sorgfalt ist nötig, wenn zusammen mit der Erklärung Spielmaterial (Karten, Briefumschläge mit ‚Domino-Steinen', Würfel usw.) verteilt werden muß. Man plane zeitlich dringend so, daß das Spielmaterial vor dem Klingeln am Ende der Stunde wieder eingesammelt und die Rückgabe kontrolliert werden kann.

6.3 Belohnung von Spielleistungen

Spiele sollen zu Leistungen herausfordern, Lernspiele im Lateinunterricht zu richtigen Formenbildungen, Satzanalysen oder eigenen Interpretationen. Der Lehrer muß während des Spielgeschehens immer zwei Regelsysteme im Auge behalten: das des methodischen Procedere, also die eigentlichen Spielregeln, und das der Sprache. Ein Verstoß gegen das Regelsystem der Sprache – eine falsche Ablativendung, die Verwechslung von Objekt und Subjekt – werden selbstverständlich korrigiert, gute Spielergebnisse anerkannt. Dafür gibt es verschiedene Möglichkeiten.
Auf die Benotung der in Spielen erzielten Leistungen sollte man grundsätzlich verzichten. Sonst verdrängt bei ehrgeizigen Schülern das Streben nach guten Noten, bei ängstlichen Schülern die Angst vor schlechten Noten und bei etwas passiven Schülern der Druck der Notengebung die eigentliche Spielmotivation. Aber es gibt eine Reihe von anderen Leistungsbestätigungen, durch die der Erfolg gewürdigt und Anreize für neue Spielrunden geschaffen werden können.
Eine spielcharakteristische Anerkennung ist die Rückmeldung durch das Spielergebnis selbst: Ein Rätsel, in dem alle Felder ausgefüllt sind, die Zahl der Quartette, die ein Spieler ablegen konnte, und die vollständige Aneinanderreihung aller ‚Domi-

no-Steine' zeigen dem Schüler, daß er Erfolg hatte. Eine verbale Anerkennung durch den Lehrer kann hinzukommen, ist aber oft nicht nötig. Lob und Bestätigung sind bei Spielen angebracht, deren Leistungen nicht objektiv meßbar sind oder kreativ-gestalterischer Natur sind: Zwei Schüler erklären ihren ‚Teekessel' (2.1.3 c) besonders intelligent oder haben einen Vorschlag für einen neuen ‚Teekessel', jemand hat eine originelle Idee für eine Theaterszene oder schlägt eine neue Spielregel vor. Wenn der Lehrer seine Freude und sein Vergnügen an den Einfällen zeigt, fühlt sich der Schüler anerkannt.
Die Verteilung von Punkten ist eine Form der symbolischen Anerkennung. Vor allem in Gruppenwettkämpfen, die aus mehreren Durchgängen bestehen, wird nach jeder Runde der siegenden Mannschaft ein Punkt zuerkannt. Am Ende werden die Punkte dann addiert. Die Punkte-Verteilung stachelt den Ehrgeiz an, weckt allerdings auch Emotionen, die in Erregung und Wut umschlagen können, wenn sich eine Gruppe ungerecht beurteilt fühlt. Man achte also, wie z. B. beim ‚Staffellauf' (2.1.4 d), auf die faire Einhaltung der Wettkampfbedingungen, mache gleich zu Beginn auf die Folgen bei einem Verstoß gegen die Spielregeln aufmerksam und überlege sich eine möglichst objektive Ergebniskontrolle. So hat sich z. B. das Mitschreiben der Wörter eines ‚Vokabel-Ping-Pongs' auch deshalb bewährt, weil so keine Gruppe zu Unrecht behaupten kann, ein Wort sei schon einmal genannt worden (vgl. 2.1.2 c). Insgesamt sollte man behutsam mit dem Mittel der ‚symbolischen Anerkennung' umgehen. Der Aufwand für die gerechte Beurteilung und Auswertung der Spielleistungen kann sehr leicht die eigentliche didaktische Funktion des Spieles überwuchern. Die Balance zwischen Spielorganisation und dem Lerngewinn der Übung wird dann gestört, weil das Interesse an der äußeren Form des Geschehens ein Übergewicht erhält.[129]

---

129 Die Balance zwischen Spiel und Unterricht, Spielfreude des Schülers und der didaktischen Intention des Spiels nennt JÜRGEN STEINHILBER das Hauptkriterium für

Gelegentlich haben auch ‚materielle' Formen der Anerkennung ihren guten Sinn. Warum sollten die Mitglieder einer siegreichen Gruppe am Ende nicht einmal mit einem Bonbon, der erfolgreiche Teilnehmer in einem Großen Lesewettbewerb nicht mit einer Postkarte vom Römischen Forum, der Stammform-Experte mit einem Gutschein (2.1.2 e) oder die findigsten Museums-Entdecker (2.6.2 c) mit einem von der ganzen Klasse unterschriebenen Prospekt des betreffenden Museums belohnt werden? Spiele schaffen auch angenehme Randbedingungen und Begleiterscheinungen. Dazu gehören diese kleinen materiellen Verstärkungen. Diese Formen der Anerkennung dürfen nicht zu oft verteilt werden, sonst verlieren sie ihren Charakter des Besonderen. Gelegentlich kann die Aussetzung von ‚Preisen' auch am Tag vor dem Spiel bekanntgegeben werden. So kommt der zusätzliche Anreiz dem häuslichen Lernen zugute. Die ‚Preisverteilung' selbst muß etwas Spielerisch-Parodistisches an sich haben: einen geringen materiellen Wert des Preises und eine betont feierliche Verleihungs-Zeremonie.
Bekräftigung durch den Spielverlauf selbst, verbale, symbolische und materielle Formen der Anerkennung sind Möglichkeiten, durch die ein Spieler für seinen Einsatz belohnt wird.

6.4 Vorbereitung anspruchsvollerer Spielformen

Lernspiele sind unterschiedlich anspruchsvoll. Es gibt Übungsformen, die innerhalb weniger Minuten erklärt und voraussetzungslos benutzt werden können (z. B. Rätsel, ‚Ketten', ‚Schalt-Bretter'). Andere Spielformen müssen methodisch vorbereitet und Schritt für Schritt gelernt werden.

---

die Beurteilung von Unterrichtsspielen (Didaktik des Spiels im Fremdsprachenunterricht. – Frankfurt 1982, 41). Vgl. auch denselben: Medienhandbuch zum Lateinunterricht, 75.

Schüler würden sich überfordert fühlen, wenn sie ohne Vorübungen selbst kleine Texte für Rollenspiele formulieren sollten (2.3.3 a). Auf einer ersten Stufe der Übungen zum aktiven Sprachgebrauch werden einfache Wortlisten für Bildbeschreibungen angelegt. Später werden die nach Wortarten geordneten Vokabeln zu kleinen Sätzen verbunden. Wenn dieses Vorgehen erprobt ist, können inhaltlich anspruchsvollere Aufgaben wie das Ausfüllen von Sprechblasen oder die Formulierung von Texten zu einer kleinen Bildserie bewältigt werden (2.1.3 d). Jetzt ist der Schritt zur Textproduktion auch ohne Bildvorlage nicht mehr groß.

Der Einfallsreichtum für eigene Spielideen sollte auch aus Beobachtungen und Anregungen hervorgehen. Bevor die Aufforderung zu eigenem kreativen Schaffen erfolgt, spielt der Lehrer selbst einmal eine von ihm erdachte ‚Zirkusszene' vor (2.3.3 a). Erst wenn die Schüler Gefallen an diesen Improvisationen gefunden haben, wird gefragt, wer denn selbst einmal Zirkus spielen möchte.

Es wäre nun falsch, ohne Vorbereitungen das gestaltende Sprechen kleiner Rollen zu verlangen. Am Anfang der Lese- und Sprechspiele steht das ‚Fehlerlesen' (2.4.1 a). Dabei und beim Dialog-Lesen lernen die Schüler die Ausspracheregeln und Merkmale des gestaltenden Lesens kennen. Wenn man sieht, daß Schüler gerne lesen und sich Mühe geben, dann wird vorgeschlagen, am Ende der Woche einen ‚Großen Lesewettbewerb' durchzuführen (nach dem Muster der bekannten muttersprachlichen Lesewettbewerbe). Daraus entsteht zu einem späteren Zeitpunkt ein Variationsvorschlag: Wie wäre es, wenn Texte auf Kassette gesprochen und diese dann abgehört würden?

Schüler müssen auch an den richtigen Gebrauch von Spielmaterial gewöhnt werden. Deshalb ist es sinnvoll, das kompliziertere ‚Satz-Puzzle' (2.3.2 c) durch methodisch verwandte, aber einfachere Lernspiele vorzubereiten (z. B. durch Silbenrätsel, ‚Scrabble' usw.). Die vorausgegangene Bastelei mit einem fertigen Modellbogen erleichtert auch die eigene Nachkonstruktion römischer Bauwerke und motiviert dazu (2.6.3 a). Lernspiele müssen gelernt werden. Komplexere Aufgabenstellungen verlangen eine bewußte Vorbereitung, sei es durch das vorherige Erlernen sprachlicher Teilkompetenzen, durch den Umgang mit methodischen Vorformen, durch Vormachen oder durch die schrittweise Motivation für neue Aufgaben.

6.5 Integration von Lernspielen in den Unterricht

Nur wenn Spielmethoden einen festen Platz im Unterricht haben, können ihre positiven Möglichkeiten wirksam werden. Bleiben sie auf die Randstunden vor den Ferien beschränkt, dann werden sie zu exotischen Raritäten ohne stilbildenden Einfluß auf den eigentlichen Charakter des Lateinunterrichts. Wird zu häufig gespielt, dann nützen sich die Reize dieser Methode ab, und sie verliert ihre Motivationskraft. Wann und wie oft sollen spielerische Elemente im Unterricht vorkommen?

Der *Geist* des Spielens – Zwanglosigkeit, Freude, Engagement, Kreativität – sollte im Klassenzimmer wehen, so oft es geht. Lernspiele als Organisationsform sollten weder zu selten noch zu häufig, sondern im ausgewogenen Wechsel mit anderen Methoden eingesetzt werden.

Man kann drei verschiedene Zeitplanungen für das Spielen im Unterricht unterscheiden: die *Spielphase* (5–15 Minuten während einer Unterrichtsstunde), die *Spielstunde* (45 Minuten) und das *Spielprojekt* (2 bis 3 Unterrichtsstunden).

6.5.1 Die *Spielphase* ist fest in den Ablauf des Unterrichts integriert. So kann der Unterricht z. B. mit einer spielerischen Vokabelkontrolle beginnen. Nach dem ‚Staffellauf', einer Lernform mit Bewegung, folgt die gewohnte Besprechung der Hausaufgaben und das übrige Unterrichtsprogramm. In einer anderen am frühen Vormittag gelegenen Lateinstunde macht das Stillsitzen keine Mühe. Also wird mit dem konventionellen Abfragen und Besprechen der Hausaufgaben die Stunde eröffnet. Nach dieser geistigen Konzentration soll die Phantasie wieder etwas Nahrung bekommen. Deshalb wird ein Abenteuer von Tom Sawyer erzählt, um anschließend am Beispiel dieser Erzählung die Ablativfunktionen zu erklären (2.3.1 a). In einer anderen Klasse wurde mehrere Stunden lang Lektüre übersetzt, immer unter der Leitung des Lehrers. In der nun folgenden Grammatikstunde, einer 6. Unterrichtsstunde des Vormittags, soll die Adverbbildung und -steigerung wiederholt werden. Die Wiederholung beginnt mit einem ‚Vokabel-Ping-Pong' für Adjektive der i-Deklination (ohne Punktverteilung, weil nicht mehrere Spielrunden vorgesehen sind). Ein Schüler übernimmt die Rolle des Spielleiters. Anschließend werden die gesammelten Adjektive von der Tafel abgeschrieben, in Adverbien verwandelt und gesteigert. In dieser ganzen Zeit bleibt der Lehrer im Hintergrund.

Die wenigen Beispiele sollen zwei Prinzipien der ‚Spielphasen' veranschaulichen:

- Die spielerischen Übungsformen sind funktional mit den anderen Phasen des Unterrichts verknüpft. Die mit Lernspielen verbrachte Zeit ist keine unterhaltsame Unterbrechung des Unterrichts.
- Die Methodenwahl orientiert sich stark an den emotionalen Bedürfnissen der Schüler. Der Einbau einer spielerischen Lernform dient dem lernpsychologisch wünschenswerten Methodenwechsel.

Natürlich gibt es auch nach getaner Arbeit gelegentlich Spielphasen, die den beiden genannten Prinzipien nicht mehr unterworfen sind: Wenn in den letzten Minuten einer Stunde vorgelesen wird, eine temperamentvolle ‚Formen-Schlacht' inszeniert oder ein Kreuzworträtsel gelöst wird, dann soll die Spielfreude auch einmal ohne didaktische Legitimation auftreten dürfen!

6.5.2 Die *Spielstunde* findet unter anderen Voraussetzungen statt, denn in ihr steht das Spiel im Mittelpunkt. Im Verlauf eines Jahres ergeben sich immer wieder Übergangssituationen und Einschnitte nach Klassenarbeiten, vor Beginn einer neuen Lektüre, nach Abschluß eines schwierigen Kapitels der Grammatik. Das sind Gelegenheiten für ‚Spielstunden'. In ihnen können ohne Zeitdruck ‚Rommé' (2.3.2 e), Würfelspiele, Quartette oder Theater gespielt werden.
Auch die ‚Spielstunde' hat eine Zielsetzung: Wiederholung oder Vertiefung der Syntax, der Formenbildung oder des Textverständnisses. In den Spielpausen werden bestimmte im Quartett oder Puzzle vorhandene Vokabeln und Formen an die Tafel geschrieben und zusätzlich erklärt. Wenn genügend Zeit vorhanden ist, sollte das Spielmaterial innerhalb der Stunde zwischen den Gruppen ausgetauscht werden. Es sollte zeitlich so geplant werden, daß am Ende der Stunde in Ruhe das Material wieder eingesammelt werden kann und auch noch kurz in einem Gespräch Erfahrungen über die Zusammenarbeit in den Gruppen und Beobachtungen zum organisatorischen Ablauf der Stunde ausgetauscht werden können. ‚Spielstunden' bleiben Ausnahmestunden. Aber sie können in den Jahren der gemeinsamen Arbeit mit einer Klasse zu einer guten und beliebten Einrichtung werden.

6.5.3 Von der Einzelstunde hebt sich das *Spielprojekt* ab. Während zweier oder dreier Unterrichtsstunden wird gemeinsam oder in Gruppen die Aufführung eines Rollenspieles, eines Hörbildes oder die Ergänzung eines ‚Drehbuches' (2.5.2 b) vorbereitet. Im Rahmen der Realienkunde kann während dieser unterrichtsinternen ‚Projekttage' auch eine römische Stadt, das Forum Romanum oder ein Limeslager gebastelt werden. Es ist selbstverständlich, daß für Projekttage dieser Art höchstens einmal im Jahr Zeit vorhanden ist.

Literaturverzeichnis

AHRENS, E.: Lateinausbildung im Studienseminar. – Frankfurt 1966².

AMTMANN, P.: Das Schulspiel. Zielsetzung und Verwirklichung. Handbücher für musische und künstlerische Erziehung, Bd. 9 (hrsg. v. AMTMANN, P.). – München 1968.

BARIÉ, P.: Canere aude. In: AU XXII 5 (1979), 73–79.

BOLLNOW, O. F.: Vom Geist des Übens. – Freiburg 1978.

BOMMES, P.: ‚Ianua Nova' – Das ideale Lehrbuch oder die Quadratur des Kreises. In: AU XIX 3 (1976), 17–24.

BRUNER, J. S. u. a.: Studien zur kognitiven Entwicklung. – Stuttgart 1971.

BULL, R.: Lerneffektives Spiel im Unterricht. Wegweiser für die Lehrerfortbildung, Bd. 69 (hrsg. v. Kultusministerium Schleswig-Holstein). – Kiel 1971.

CLASEN, A.: Wozu Latein? In: Didaktik des Altsprachlichen Unterrichts (hrsg. v. NICKEL, R.). – Darmstadt 1974, 10–22.

COMENIUS, J. A.: Große Didaktik (übersetzt und hrsg. v. FLITNER, A.). – Düsseldorf/München 1970⁴.

CURSUS LATINUS (hrsg. v. BAYER, K.):
- Texte und Übungen I. – Bamberg/München 1972.
- Methodisches Beiheft. – Bamberg/München 1972.
- Arbeitsheft I, II, III. – Bamberg/München 1974 u. 1975.

CURSUS NOVUS (hrsg. v. BAYER, K.):
- Texte und Übungen I. – Bamberg/München 1982.
- Arbeitsheft Latein I zu CURSUS NOVUS I (hrsg. von BAYER, K./FINK, G./MAIER, F.). – Bamberg/München 1983.

DAUBLEBSKY, B.: Spielen in der Schule. Vorschläge und Begründung für ein Spielcurriculum. – Stuttgart 1973.

ERB, J.: Gruppenunterricht in den Alten Sprachen. In: Alte Sprachen 1 (hrsg. von GRUBER, J./MAIER, F.). – München 1979, 246–265.

ERB, J.: Unterrichtsverfahren für den Lateinunterricht auf der Orientierungsstufe. In: Anregung 20, 3 (1974), 158–171.

FAHR, H.: Sprechsituationen im lateinischen Anfangsunterricht. In: AU XVI 1 (1973), 88–89.

FLITNER, A.: Spielen in der Schule. Zu Benita Daublebskys Buch über Spiele mit Zehn- bis Zwölfjährigen. In: Z. f. Päd. 21, 3 (1975), 457–466.

FUHRMANN, M.: Alte Sprachen in der Krise. – Stuttgart 1976.

GLÜCKLICH, H.-J.: Lateinunterricht. Didaktik und Methodik. – Göttingen 1978.

HANSEN, J. G.: Französisch oder Latein? Ein Unterrichtsmodell zur Vorbereitung der Schülerentscheidung in der Klasse 7. In: AU XX 1 (1977), 5–26.

HARTMANN, K. u. a.: Darstellendes Spiel im neusprachlichen Unterricht. Handbücher für musische und künstlerische Erziehung, Bd. 8 (hrsg. v. AMTMANN, P.). – München 1967.

HECKHAUSEN, H.: Förderung der Lernmotivierung und der intellektuellen Tüchtigkeiten. In: Begabung und Lernen (hrsg. v. ROTH, H.). – Stuttgart 1971⁶, 193–228.

– Entwurf einer Psychologie des Spielens. In: FLITNER, A. (Hrsg.): Das Kinderspiel. – München 1976[3], 133–149.
HEIMANN, P./OTTO, G./SCHULZ, W.: Unterricht. Analyse und Planung. – Hannover 1972[6].
v. HENTIG, H.: Platonisches Lehren I. – Stuttgart 1966.
HUBER, H.: Kreative Schülerarbeiten für den Lateinunterricht. Beispiel: ‚Stadt-Spiel ohne Zeiten.' In: AU XXII 5 (1979), 80–96.
HUISKEN, D.: Gespräche über den Wert der Lernspiele. In: Westermanns Pädagogische Beiträge 4 (1952), 567–574.
IANUA NOVA, Ausgabe A (hrsg. v. HOLTERMANN, H./MOLSEN, J.).
– Teil I. – Göttingen 1978[8].
– Begleitgrammatik. – Göttingen 1978[8].
IBEN, G.: Sozialerziehung – Soziales Lernen. In: Wörterbuch der Erziehung (hrsg. v. WULF, CH.). – München/Zürich 1974, 538–540.
INSTRUMENTUM (hrsg. v. HAPP, E./PFISTER, R./VOIT, L./WOJACZEK, G.).
– Band I. – Bamberg/München 1980[2].
JÄKEL, W.: Methodik des Altsprachlichen Unterrichts. – Heidelberg 1966[2].
KELLER, M.: Spiel und kognitives Lernen, ein Widerspruch? In: DAUBLEBSKY, B.: Spielen in der Schule. – Stuttgart 1977[5], 252–283.
KEULEN, H.: Kreativität und altsprachlicher Unterricht. In: AU XXII 1 (1979), 76–83.
KLAFKI, W.: Didaktische Analyse als Kern der Unterrichtsvorbereitung. In: Studien zur Bildungstheorie und Didaktik. – Weinheim 1967[9], 126–153.
– Zum Verhältnis von Didaktik und Methodik. In: Z. f. Päd. 22, 1 (1976), 77–94.
KLINGBERG, L.: Einführung in die Allgemeine Didaktik. – Frankfurt am Main o. J.
KLUGE, N.: Das Unterrichtsspiel. – München 1968.
KRAPPMANN, L.: Soziale Kommunikation und Kooperation im Spiel und ihre Auswirkungen auf das Lernen. In: DAUBLEBSKY, B.: Spielen in der Schule. – Stuttgart 1977[5], 190–226.
KREFELD, H.: Affektive Lernziele im Lateinunterricht. In: Gymn. 84 (1977), 291–307.
LEITNER, S.: So lernt man lernen. – Freiburg/Basel/Wien 1980[10].
LOCH, W.: Redekunst und Unterricht. In: Bildung und Erziehung 19 (1966), 112–134.
LOSER, F.: Die Übung im Unterricht und ihre Bedeutung für eine pädagogische Theorie des Lehrens und Lernens. In: Z. f. Päd. 14, 2 (1968), 145–165.
MAGER, R. F.: Motivation und Lernerfolg. – Weinheim/Basel 1972[5].
MAIER, F.: Interpretationsebenen im Lektüreunterricht. In: Anregung 20 (1974), 365–373.
– Lateinunterricht zwischen Tradition und Fortschritt, Bd. 1. – Bamberg 1979.
– Probleme des Anfangsunterrichts. In: Mitteilungsblatt für Lehrer der Alten Sprachen in Schleswig-Holstein 11 (1979), H. 3–4, 3ff.
MAROUZEAU, J.: Das Latein. – München 1969.

MAYER, J. A.: Lernziele im Lateinunterricht. In: Vorarbeiten zur Curriculum-Entwicklung. Modellfall Latein (hrsg. v. MAYER, J. A.). AU Beiheft I zu Reihe XV (1972), 13–35.
MUNDSCHAU, H.: Lernspiele für den neusprachlichen Unterricht. Eine übersichtliche Sammlung von Lernspielen. – München 1976².
PIAGET, J.: Nachahmung, Spiel und Traum. – Stuttgart 1969.
RAUSCHER, H.: Darstellendes Spiel im altsprachlichen Unterricht. Handbücher für musische und künstlerische Erziehung, Bd. 7 (hrsg. v. AMTMANN, P.). – München 1966.
RIEGER, E.: Kreativität (im Lateinunterricht). In: Fachdidaktisches Studium in der Lehrerbildung. Alte Sprachen 1 (hrsg. v. GRUBER, J./MAIER, F.). – München 1979, 103–113.
REICHERT, W.: Zum Problem des Lernspiels. In: Unsere Schule 5 (1950), 713–717.
RETTER, H.: Skizzen zu einer Didaktik des Spiels. In: Westermanns Pädagogische Beiträge 10 (1973), 562–570.
ROGERS, C. R.: Lernen in Freiheit. – München 1974.
ROMA (hrsg. v. LINDAUER, J./WESTPHALEN, K.).
– Band I. – Bamberg/München 1983².
ROTH, H.: Lernziele und Lernzielkontrollen. In: Deutscher Bildungsrat, Empfehlungen der Bildungskommission. Strukturplan für das Bildungswesen. – Bonn 1970, 78–90.
– Pädagogische Psychologie des Lehrens und Lernens. – Hannover 1971¹³.
ROTH, L.: Effektivität von Unterrichtsmethoden. – Berlin/Darmstadt/Dortmund 1971.
SATTLER, H.: Versuche mit der ‚Sprechmethode' im lateinischen Anfangsunterricht. In: AU V 3 (1959), 62–91.
SCHEUERL, H.: Das Spiel. – Weinheim/Berlin 1954.
– Zur Begriffsbestimmung von ‚Spiel' und ‚Spielen'. In: Z. f. Päd. 21, 3 (1975), 341–349.
SCHIFFLER, H.: Schule und Spielen. Workshop Schulpädagogik: Materialien 19. – Ravensburg 1976.
SCHILLER, F.: Über die ästhetische Erziehung des Menschen in einer Reihe von Briefen, 15. Brief. In: Schillers Werke in zwei Bänden, Knaur Klassiker. – München/Zürich o. J., Bd. II, 598–602.
SCHÖNBERGER, O.: Entstehung und Funktion der Lernzielmatrix für den Lateinunterricht. In: Lernziele und Fachleistungen (hrsg. v. BAYER, K.). AU Beiheft I zu Reihe XVI (1973), 25–29.
SCHWINGE, G.: Das Spiel im altsprachlichen Unterricht. In: Fachdidaktisches Studium in der Lehrerbildung. Alte Sprachen 1 (hrsg. von GRUBER, J./MAIER, F.). – München 1979, 114–121.
SEDLAK, W.: Situativer Sprachunterricht. In: AU XVI 2 (1973), 33–55.
SEEL, O.: Grammatik und Erlebnis. In: AU V 7 (1963), 7–20.
SIEWERT, W.: Lude Latine – Latine laetare – Spiel im Lateinunterricht. In: Alte Sprachen in Rheinland-Pfalz und im Saarland 25 (1979), H. 2/3, 3–19.
SNELL, B.: Neun Tage Latein. – Göttingen 1968.

STEINHILBER, J.: Motivationspsychologische Aspekte des Übens im Lateinunterricht. In: Anregung 22, 6 (1976), 371–376.
– Wortschatzübungen im lateinischen Anfangsunterricht. In: AU XXI 3 (1978), 88–92.
– Formenübungen im lateinischen Anfangsunterricht. In: AU XXI 4 (1978), 116–119.
– Didaktik des Spiels im Fremdsprachenunterricht. – Frankfurt a. M. 1982.
– Medienhandbuch zum Lateinunterricht. Auxilia 6. – Bamberg 1982.
STEINTHAL, H.: Zum Aufbau des Wortschatzes im Lateinunterricht. In: AU XIV 2 (1971), 21–50.
– Lehrbuch und Methode im lateinischen Sprachunterricht. In: AU XIV 2 (1971), 51–69.
STEPHAN-KÜHN, F.: Viel Spaß mit den Römern! Spiel- und Lesebuch zur römischen Geschichte. – Würzburg 1982.
VOGEL, A.: Artikulation des Unterrichts. Workshop Schulpädagogik: Materialien 3. – Ravensburg 1976.
VESTER, F.: Denken, Lernen, Vergessen. – München 1978.
WESTPHALEN, K.: „Falsch motiviert?" Überlegungen zum Motivationsproblem im Lateinunterricht als zweiter Fremdsprache. In: AU XIV 5 (1971), 5–20.
– Lateinunterricht und Curriculumforschung. In: Lernziele und Fachleistungen (hrsg. v. BAYER, K.). AU Beiheft I zu Reihe XVI (1973), 7–17.
– Prolegomena zum Lateinischen Curriculum. In: NICKEL, R. (Hrsg.): Didaktik des altsprachlichen Unterrichts. – Darmstadt 1974, 32–45.
– Praxisnahe Curriculumentwicklung. – Donauwörth 1977[5].
WETTERLING, H. H.: Kritische Bemerkungen zum ‚Lernspiel'. In: Unsere Schule 5 (1950), 587–592.
WILHELM, TH.: Theorie der Schule. Hauptschule und Gymnasium im Zeitalter der Wissenschaften. – Stuttgart 1967.

Inhaltsverzeichnis